これマジ？ひみつの超百科
仰天！感動！
サッカーヒーロー超百科
日本編
JN224081
オグマナオト＆
サッカーヒーロー研究会・編

仰天！感動！サッカーヒーロー 日本編 超百科 もくじ

第三章 ディフェンダー/ゴールキーパー編 ～難攻不落の守護者たち～

はじめに

日本にはたくさんのサッカーヒーローがいる。「キングカズ」こと三浦知良、本田圭佑、長友佑都……。Jリーグで大活躍し、ワールドカップでは日本サッカーのプライドを背負って世界の強豪と戦う彼らは、どんな伝説を残してきたのか？　どんなスーパープレーでみんなをびっくりさせてきたのか？　この本では、感動と驚きにあふれたサッカーヒーローたちの栄光の物語を、日本サッカーの歴史などとあわせて紹介しよう。コレを読めば、サッカーがもっともっと楽しくなるはずだ！

この本の読み方

選手の紹介

その選手のプレーのもち味や、強さの秘密がわかるエピソードを、記事と一コマイラストで紹介している。

選手の主な所属チームと受賞歴

プロになる前となってから、その選手が所属した主なチームと、受賞した賞を紹介している。

02

21世紀の日本代表得点王

岡崎慎司

いつでもガムシャラ「一生ダイビングヘッド」！

ヒーローの証

選手の名前

選手のデータ

その選手の出身地や生年月日、身長・体重にくわえ、発揮する能力を5段階でしめしている。

ヒーロー伝説延長戦

「選手の紹介」では書ききれなかった、その選手のエピソードや情報を紹介している。

ヒーローの証

その選手の達成した記録や、注目すべき特長を紹介している。

W杯出場経験

その選手がW杯本戦に出場したことがある場合は、開催年をしるしたトロフィーでしめしている。

本書で紹介している、選手が達成した記録などのデータは、2017年6月時点のものです。

第一章 ～個性爆発の点とり屋たち～

フォワード編

サッカーとは、点のうばいあいだ――。
ときに華麗に、ときに力強く、1点を
もぎとるためにピッチの前線で戦う
男たちが、いま姿をあらわす！

01

日本サッカー界のキング

三浦知良

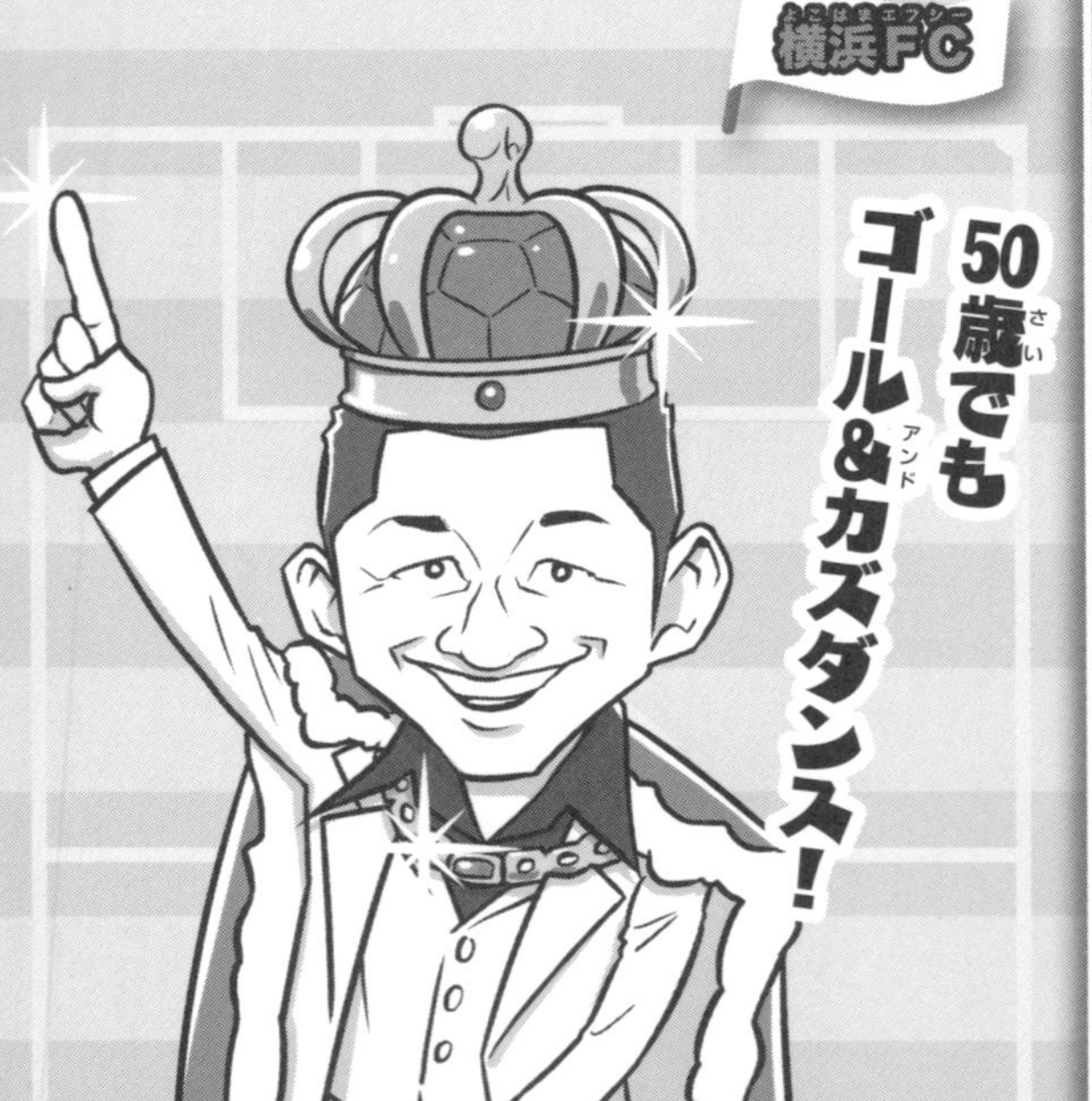

横浜FC
50歳でもゴール&カズダンス!

出身地
静岡県静岡市

生年月日
1967年2月26日

身長・体重
177センチ・72キロ

能力パラメータ

カリスマ
パワー
スタミナ
センス
スピード

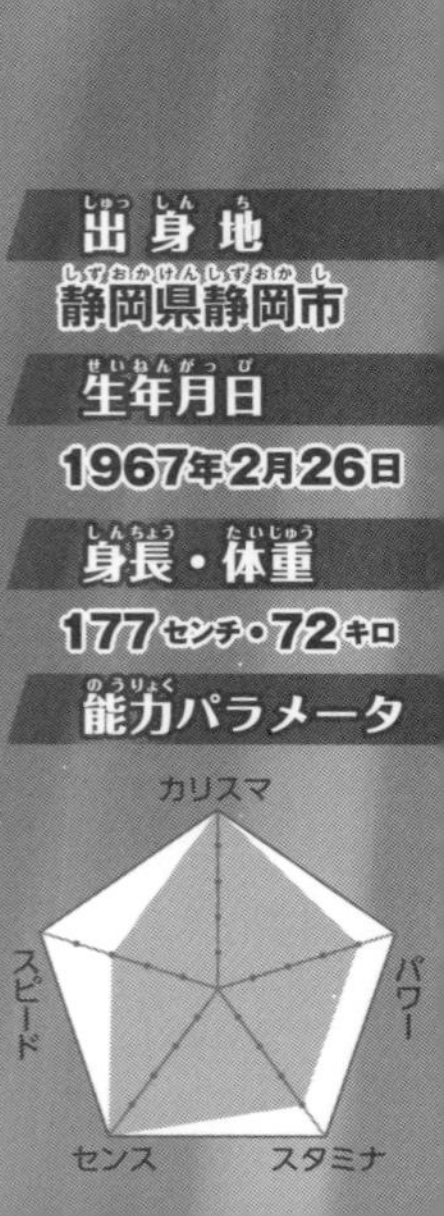

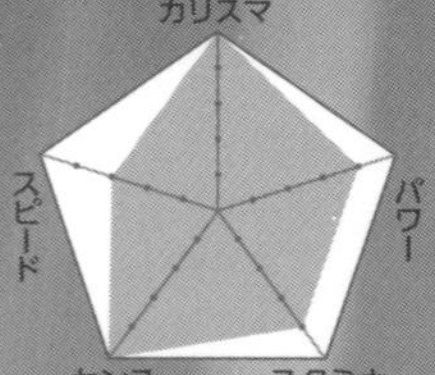

ヒーローの証

- サッカーの本場ブラジルでプロになり、イタリア・セリエAに日本人で初出場
- 代表戦で1試合6得点。通算55得点の決定力

主な所属チームと受賞歴

チーム 静岡学園高校(中退)→キンゼ・デ・ジャウー(ブラジル)→サントス(ブラジル)→ヴェルディ川崎→ジェノア(イタリア)→ヴェルディ川崎→クロアチア・ザグレブ(クロアチア)→京都パープルサンガ→ヴィッセル神戸→横浜FC→シドニーFC(オーストラリア)→横浜FC **受賞** MVP(1993年)、ベストイレブン(1993年、1995年、1996年)、得点王(1996年)、JリーグカップMVP(1992年)、アジア年間最優秀選手賞(1993年)

夢をかなえつづけてきた日本サッカー界の象徴

Jリーグをもっとももりあげた男、それが「キング・カズ」こと三浦知良だ。「プロになりたい」という夢をかなえるため、高校をやめてブラジルにサッカー留学。サッカーの本場でもまれて実力をつけ、プロ選手になった。

カズが次に夢見たのは、「日本をW杯に連れていくこと」。その夢をかなえるため、23歳で日本に帰国。日本代表でたくさんのゴールを決め、1993年に始まったJリーグでも大活躍。ゴールを決めたあとの「カズダンス」は人気となり、クラブを優勝にみちびいてJリーグ初代MVPにえらばれた。カズにひっぱられるように、日本サッカーは一気にレベルアップ。1998年のフランスW杯に初出場できたのだ。

50歳になった2017年も現役でプレーし、ゴールを決めて世界を驚かせたカズ。次の夢は「60歳で現役」だ！

伝説リプレイ

まだまだ決めるぜ！

Jリーグ史上初の通算100ゴールも記録。ここぞという場面でゴールをうばう決定力もスターの証だ。

ヒーロー伝説延長戦

タイミングに恵まれず、W杯本大会には出場できていないカズ。だが、2005年にはクラブ世界一を決める「クラブW杯」に日本人初出場。2012年には45歳でフットサルの日本代表になり、フットサルW杯に出場した。

21世紀の日本代表得点王

岡崎慎司

レスター・シティ

いつでもガムシャラ「一生ダイビングヘッド」！

2010 2014

ヒーローの証

- 代表史上3位の50得点（2017年6月時点）
- 日本人初のプレミアリーグ王者
- 2009年、世界で一番得点を決めた代表ＦＷ

出身地
兵庫県宝塚市

生年月日
1986年4月16日

身長・体重
174センチ・70キロ

能力パラメータ

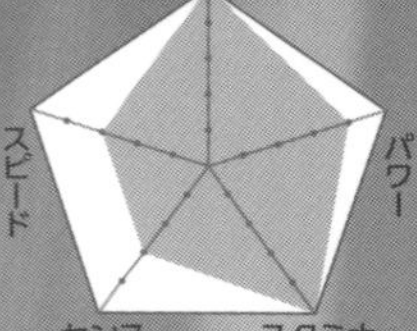

主な所属チームと受賞歴	**チーム** 滝川第二高校→清水エスパルス→シュツットガルト（ドイツ）→マインツ（ドイツ）→レスター・シティ（イングランド） **受賞** ベストイレブン（2009年）、アジア年間国際最優秀選手（2016年）

ヘタクソといわれつづけたゴールハンター

21世紀の日本代表でもっとも得点を決めた男、岡崎慎司。でも彼は、ずっと「ヘタクソ」といわれたサッカー人生だった。高校入学直後、監督から「3年間出られないかもしれないぞ」と心配されたほどまわりとくらべてセンスがなかった。だが、ダイビングヘッドなどの泥くさいプレーを武器に「ゴール」という結果を残し、1年生から活躍。3年生ではキャプテンもつとめた。

清水エスパルスに入団したときも、監督から「FW8人中8番目」といわれた。当然、試合には出られない毎日。

だが、その下づみ時代にFW以外のポジションも経験。運動量豊富ないまのプレースタイルを手に入れ、気がつけば、チーム一の点とり屋に。ついには日本代表へとのぼりつめた。たとえヘタクソでも、自分の長所を伸ばし、信じつづけることで、道は開けていくのだ。

伝説リプレイ

好きな言葉は「一生ダイビングヘッド」。ケガを恐れず、頭から飛びこむ"勇気"が最大の武器だ。

ヒーロー伝説延長戦

2015年からイングランド、プレミアリーグのレスター・シティでプレー。泥くさいプレーはそのままに、オーバーヘッドゴールなどの華麗なプレーでも活躍。「クラブ創設132年目で初のリーグ優勝」という歴史的瞬間に立ちあった。

※イングランド…イギリスを構成する4つの地域のひとつ。

原口元気

進化を続ける新世代エース

ヘルタ・ベルリン

「強さ」と「速さ」を求め肉体改造にいどむ！

出身地
埼玉県熊谷市

生年月日
1991年5月9日

身長・体重
177センチ・68キロ

能力パラメータ

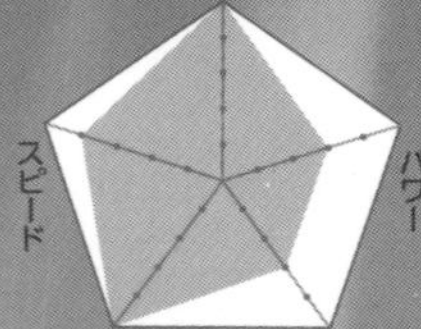

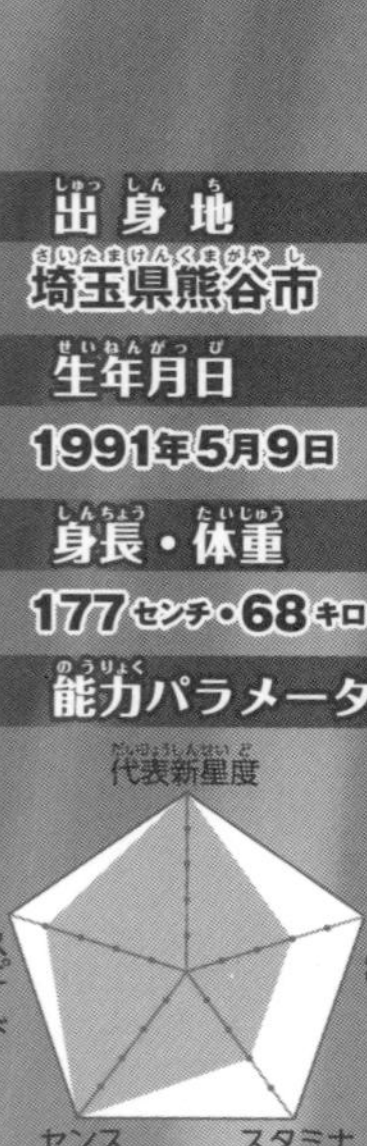

ヒーローの証

- 日本代表史上初の４試合連続ゴール
- ゲームメークもできるゴールハンター
- ロシアW杯にむけ、４年計画で肉体改造中

主な所属チームと受賞歴	**チーム** 浦和レッズユース→浦和レッズ→ヘルタ・ベルリン（ドイツ） **受賞** Jリーグカップ ニューヒーロー賞（2011年）

挫折からはいあがって決めた連続ゴール記録

浦和レッズのユース時代から「天才」とよばれた原口元気。17歳の若さでプロデビューすると、その年、クラブ日本人最年少ゴールも記録。日本代表にも20歳の若さでえらばれるなど、そのサッカー人生は順調に見えた。

しかし、2012年のロンドンオリンピック代表にまさかの落選。大きな挫折を味わってしまう。このままではダメだ……。危機感をおぼえた原口が2014年から始めたのが肉体改造。オリンピックにも出場した短距離走の専門家に弟子入りし、4年計画でパワーとスピードの強化に取りくんだのだ。

その成果があらわれたのが2016年。ブンデスリーガでレギュラーに定着し、日本代表では史上初の4試合連続ゴールを達成した。肉体改造が完成する2018年にまつのは、ロシアW杯。原口はまだ、成長のとちゅうだ。

伝説リプレイ

すぐに効果が出ないのが肉体改造の大変なところ。地道な努力のつみかさねが上達への最短の道だ。

ヒーロー伝説延長戦

幼稚園のころからサッカーボールを蹴っていた原口少年。当時、ボールを競いあったのは愛犬のマティ。マティにボールをうばわれないようにかわすことで、ボールタッチとドリブルの技術をみがいたのだ。

日本最強ポストプレーヤー

大迫 勇也

「大迫、ハンパないって」

2014

出身地

鹿児島県南さつま市(旧・加世田市)

生年月日

1990年5月18日

身長・体重

182センチ・73キロ

能力パラメータ

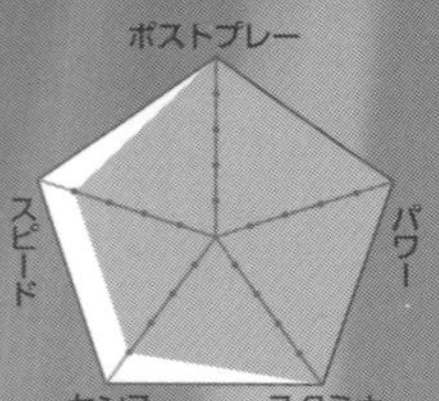

ヒーローの証

- 高校サッカー選手権、一大会最多ゴール
- 攻撃の起点となるキープ力とポストプレー
- 鹿島でもドイツでも代表でも初先発・初ゴール

主な所属チームと受賞歴

チーム　鹿児島城西高校→鹿島アントラーズ→ミュンヘン（ドイツ）→ケルン（ドイツ）
受賞　ベストイレブン（2013年）、JリーグカップMVP（2011年）

くやしさでみがかれた〝ハンパない〟ポストプレー

「超高校級FW」とよばれるほど、大迫勇也は昔から別格だった。高校サッカー選手権では、史上最多の一大会10ゴール。さらに、得意のポストプレー※でチャンスもつくり、FWなのに10アシストを記録。その技術の高さに驚いた相手DFが試合後に残した言葉「大迫、ハンパないって！」は、いまも新聞などで使われる人気フレーズだ。

鹿島アントラーズ入団後も順調に成長した大迫だったが、なぜか年代別代表にはずっと縁がなかった。メンバー入り確実、といわれた2012年のロンドンオリンピックもまさかの落選。だが、このくやしさが彼をさらに成長させた。2014年から活躍の場をドイツに移すと、もともと得意だったポストプレーにさらにみがきをかけ、ついにブラジルW杯でメンバー入り。日本代表に欠かせない存在になったのだ。

伝説リプレイ

ポストに手紙を入れたら相手にとどく。ポストマン大迫にボールをあずけたらゴールへとどくのだ。

ヒーロー伝説延長戦

外国人選手に当たり負けしない強い体。その秘密は食事にある。量を食べるのは当たり前。小学5年生のときから炭酸飲料水は飲まず、背を伸ばすために給食で余った牛乳をもらい、2〜3パックを飲むのが習慣だった。

※ポストプレー…相手ゴールに背中を向けながら味方のパスを受け、次の攻撃につなげるプレー。

名古屋グランパス

一瞬のスピードで
勝負する「風の申し子」

05

佐藤寿人

J1でもJ2でも得点王

出身地
埼玉県春日部市

生年月日
1982年3月12日

身長・体重
170センチ・70キロ

能力パラメータ

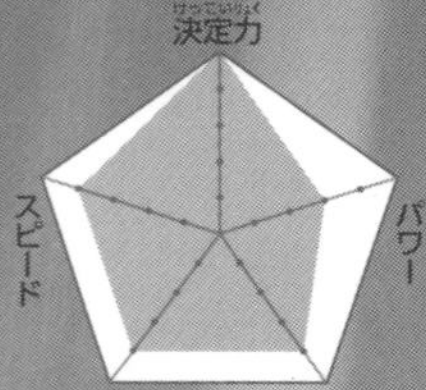

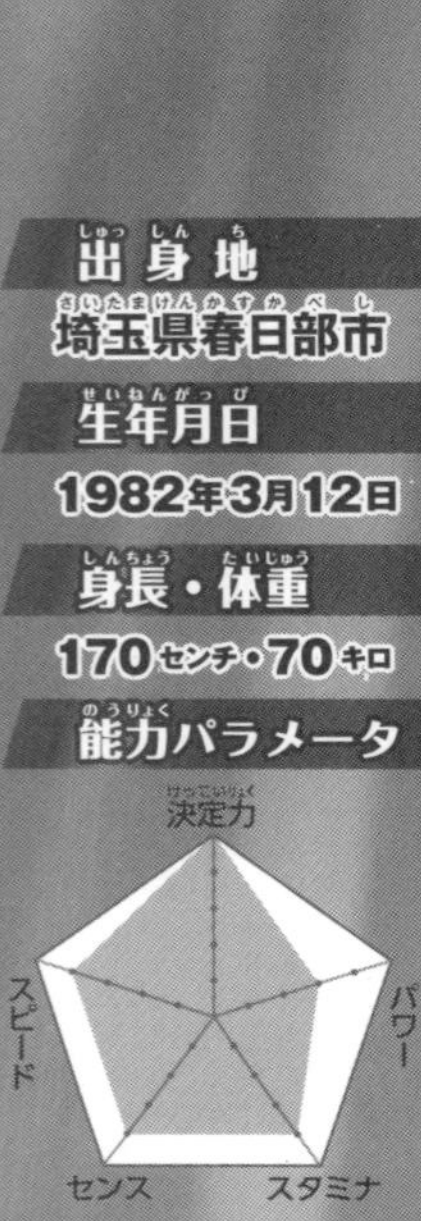

ヒーローの証

- 史上初のＪ１・Ｊ２通算 200 得点
- 12 年連続二桁得点＆ 193 試合連続無警告記録
- 史上最多、３度のＪリーグフェアプレー個人賞

主な所属チームと受賞歴

チーム ジェフユナイテッド市原ユース→ジェフユナイテッド市原→セレッソ大阪→ベガルタ仙台→サンフレッチェ広島→名古屋グランパス **受賞** MVP（2012年）、ベストイレブン（2005年、2012年）、得点王（2012年）、フェアプレー個人賞（2007年、2012年、2013年）

たよれるストライカーの「やりがい」と「クラブ愛」

一瞬のスピードで得点を決めるストライカーとして、サンフレッチェ広島を支えてきた佐藤寿人。だが2007年、チームも自分も調子があがらず、まさかのJ2降格を経験してしまう。

クラブがJ2に落ちたとき、J1移籍を考えるのはプロなら当然だ。J2では、いいプレーをしても日本代表にえらばれにくい。だが、寿人にとって大事なのは「やりがい」と「クラブ愛」。涙を流して「絶対に1年で戻ろう」と宣言し、その言葉どおり、寿人はJ2得点王となって広島を1年でJ1に復帰させた。2012年には、初のJ1年間王者にかがやき、寿人は得点王、MVP、ベストイレブン、フェアプレー個人賞と、史上初の「個人四冠」を達成した。

そして2017年、新たなやりがいを求め、J2名古屋グランパスに移籍した寿人。その生きざまは変わらない。

伝説リプレイ

広島を3度、J1優勝にみちびいた寿人。今度は名古屋を強くしてJ1にみちびいてくれるはずだ。

ヒーロー伝説延長戦

チームメートにもサポーターにもいつも礼儀正しく、やさしい性格の寿人。そのスタイルはプレー中も変わらず、警告を受けることが非常に少ないことで有名。Jリーグフェアプレー個人賞を3度受賞したのは寿人だけの勲章だ。

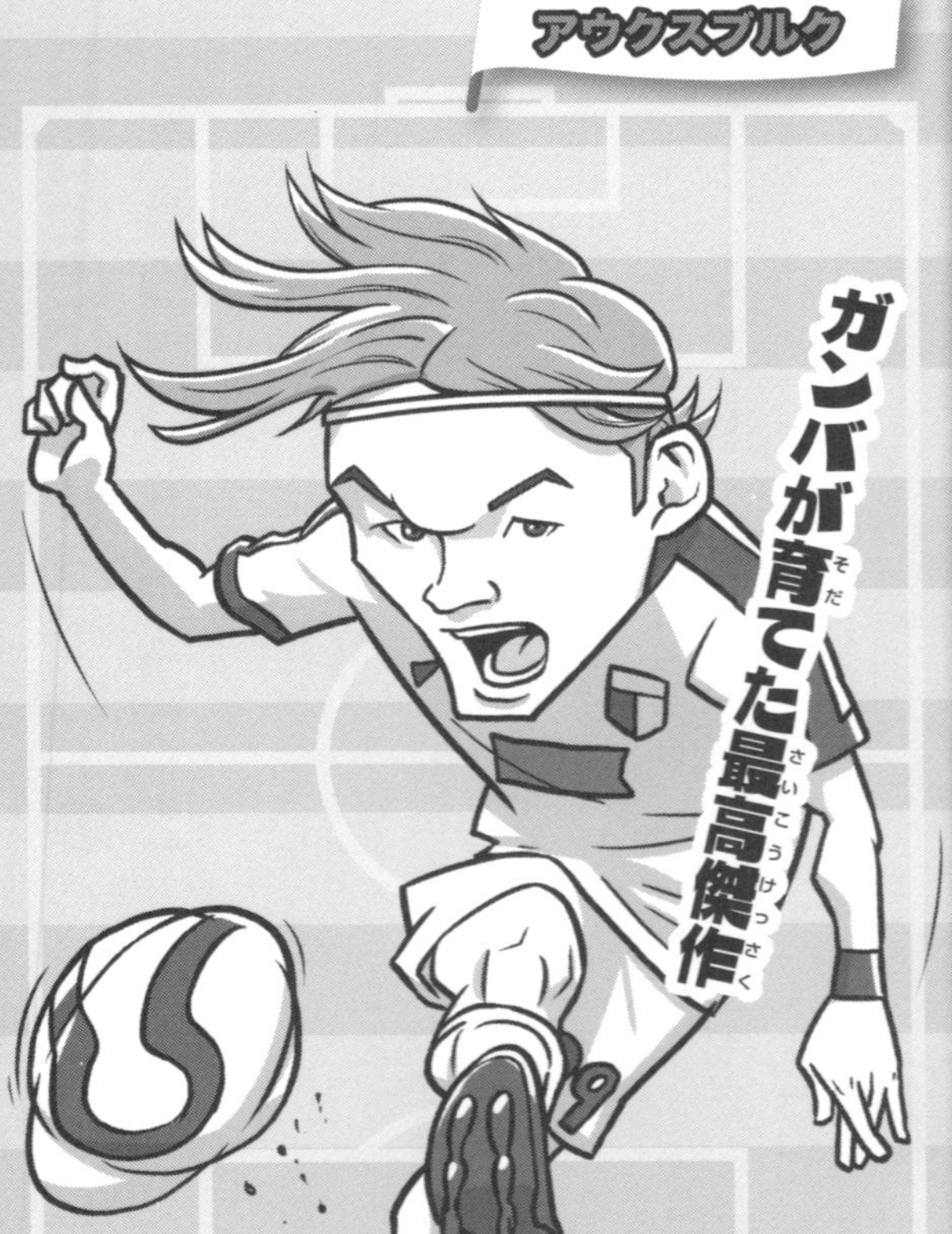

アウクスブルク
ガンバが育てた最高傑作

06

※プラチナ世代のエース

宇佐美 貴史

出身地
京都府長岡京市

生年月日
1992年5月6日

身長・体重
182センチ・72キロ

能力パラメータ

天才度
パワー
スタミナ
センス
スピード

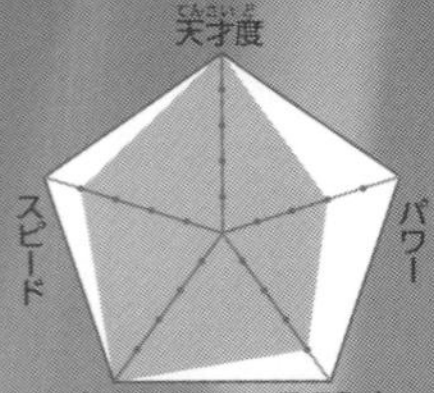

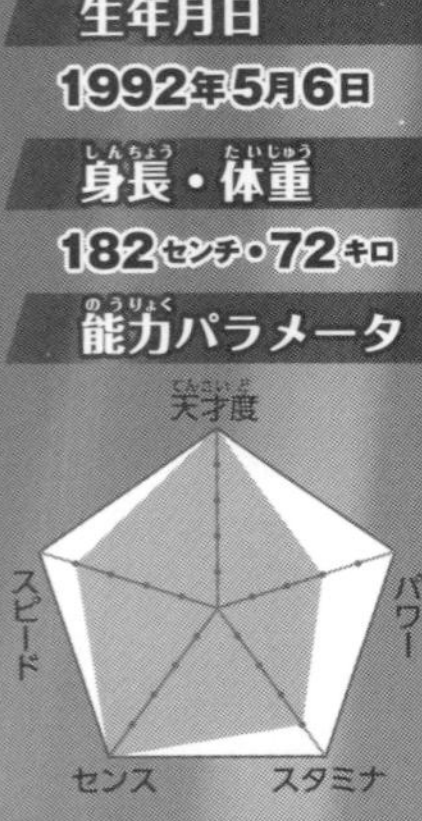

ヒーローの証

- リーグ戦でもカップ戦でも※新人王
- 2014年、ガンバをJリーグ、カップ戦、天皇杯の三冠王者にみちびく年間21得点。

主な所属チームと受賞歴

チーム ガンバ大阪ユース→ガンバ大阪→バイエルン・ミュンヘン（ドイツ）→ホッフェンハイム（ドイツ）→ガンバ大阪→アウクスブルク（ドイツ） **受賞** ベストイレブン（2014年、2015年）、ベストヤングプレーヤー賞（2010年）、天皇杯得点王（2014年）、Jリーグカップ ニューヒーロー賞（2014年）

天才の苦労が、ガンバを「三冠」にみちびいた！

「若いときの苦労は買ってでもせよ」。

このことわざを身をもって体験したのが宇佐美貴史だ。２０１０年に高校生Ｊリーガー史上最多得点でベストヤングプレーヤー賞を受賞。翌年には、19歳でドイツの超名門、バイエルン・ミュンヘンと契約。すべてが順調だった。

ところが、ドイツではアピール不足で試合に出ることすらほとんどできず、２シーズンで日本に帰国。サッカー人生ではじめての挫折を味わってしまう。だが、この苦労があったからこそ、宇佐美は結果にこだわるようになった。

ちょうどＪ２に降格していたガンバ大阪を救うべく、多くのゴールを決めてＪ１復帰に貢献。翌年はさらに活躍し、Ｊリーグ、カップ戦、天皇杯のすべてで優勝する「三冠」にみちびいたのだ。

２０１６年からは再び、ドイツで挑戦中の宇佐美。もう苦労は不要だ。

伝説リプレイ

バイエルン時代はリーグ戦で得点0。そのくやしさが宇佐美を強くし、ゴールの意識を高めたのだ。

ヒーロー伝説延長戦

サッカーボールで遊ぶようになったのは1歳半。3歳になると、「ボールが蹴りにくいから」とオムツを自分ではずしてしまい「いらん」と親に渡していたという。結婚は18歳。すべてにおいて早熟な男、それが宇佐美だ。

※プラチナ世代…プラチナは、金よりも価値が高い貴金属。1992年前後にうまれた、才能豊かな選手たちをこうよぶ。
※新人王…カップ戦は「ニューヒーロー賞」。Jリーグの新人王は2010年から「ベストヤングプレーヤー賞」とよぶ。

シンデレラボーイは慶應ボーイ

07

ピッチの頭脳派貴公子

武藤嘉紀

出身地
東京都世田谷区

生年月日
1992年7月15日

身長・体重
179センチ・72キロ

能力パラメータ

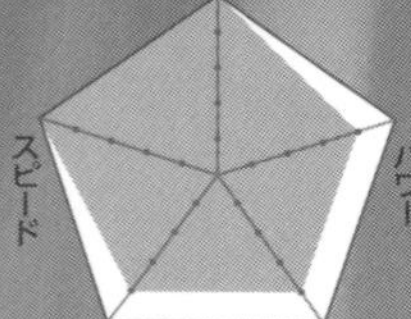

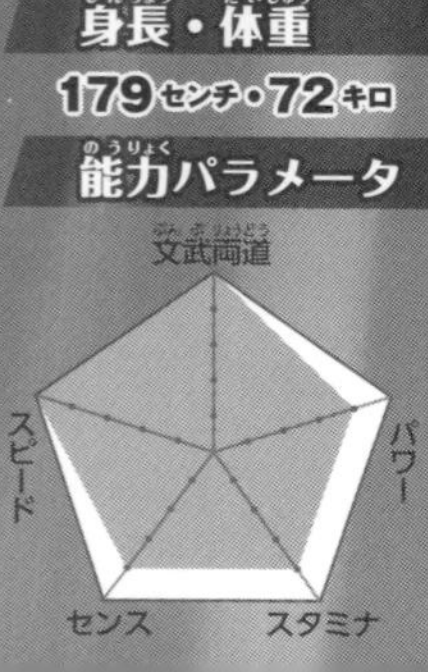

ヒーローの証

- 慶應義塾大学出身の“文武両道”Jリーガー
- 史上3人目の新人でのベストイレブン
- リーグ新人最多タイ記録の年間13得点

主な所属チームと受賞歴	チーム　慶應義塾大学→ＦＣ東京→マインツ（ドイツ）	受賞　ベストイレブン（2014年）

スピードスターが見せた驚きのスピード出世

「頭がよくないと一流の選手になれない」といわれる。頭がいいとは、「テストの点」よりも、「競技への理解度、考える力」が高いことを意味している。

でも、テストの点がいいうえに考える力もあれば文句なし。※慶應義塾大学出身の快速ＦＷ・武藤嘉紀がその代表だ。

10代のころは一度も年代別代表選手になれなかった武藤。だが、自分の武器は何か、課題は何かを考えるようになると一気に才能が開花。２０１４年、大学４年のときにＦＣ東京とプロ契約を結ぶと、豊富な運動量と一瞬でＤＦをおきざりにするスピードを武器に、リーグ新人最多タイの13得点を記録。ベストイレブンと日本代表にもえらばれるなど、「シンデレラボーイは慶應ボーイ」と話題になった。新人選手でベストイレブンにかがやいたのは史上３人目、ＦＷでは初の快挙だった。

伝説リプレイ

高校時代にもプロ契約をさそわれていた武藤。それでも「まだ早い」とことわれる冷静さがすごい！

ヒーロー伝説延長戦

ＦＣ東京でプロデビューしてから わずか１年半後の 2015 年5月、ブンデスリーガ・マインツと契約。さらなるスピード出世をみせた武藤。日本人ふたり目のハットトリックを達成するなど、成長はまだまだとまらない。

※ 慶應義塾大学…日本でもっとも歴史があり、入るのがむずかしいとされる大学のひとつ。

08

ピンチを救う侍ストライカー

久保裕也

ヘント

高校生で日本代表になった"若き皇帝"

出身地

山口県山口市

生年月日

1993年12月24日

身長・体重

178センチ・72キロ

能力パラメータ

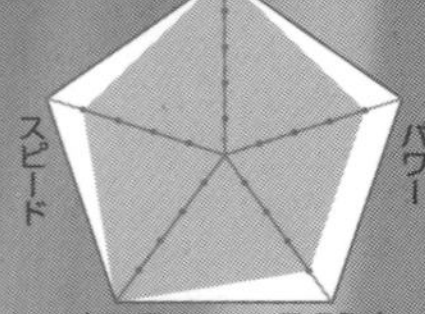

ヒーローの証

- 史上ふたり目！ 高校生での日本代表選出
- ヨーロッパでの日本人シーズン最多得点
- サッカー最優先のストイックな侍魂

主な所属チームと受賞歴	チーム 京都サンガF.C.ユース→京都サンガF.C.→ヤングボーイズ（スイス）→ヘント（ベルギー）

その決定力、存在感、まさに〝皇帝級〟エース

日本がほこる若きストライカー・久保裕也。彼が最初に注目を集めたのは、まだ17歳だった2011年。J2の京都サンガF.C.で初スタメン・初ゴールと華麗にデビューすると、この年、チーム最多の10得点。さらに、天皇杯では準決勝、決勝と2試合連続ゴールを決め、準優勝に貢献。日本代表にもえらばれたのだ。現役高校生の代表入りは、14年ぶりふたり目の快挙だった。

高校卒業後、活躍の場をヨーロッパに移した久保。海外でも決定力の高さを見せつけ、2016〜2017年シーズン、スイスリーグとベルギーリーグで年間合計23ゴール。これは日本人がヨーロッパで1シーズンに決めた得点の最多記録だ。さらに、代表でもまちにまった初得点。その存在感から「カイザー（皇帝）」ともよばれる久保伝説は、まだ始まったばかりだ。

伝説リプレイ

きき足は右なのに左足シュートも得意な久保。クラブでも代表でも、左右の足でゴールを量産中だ。

ヒーロー伝説延長戦

2017年、ベルギーリーグの試合で、「4人抜きゴール」というとんでもないプレーを披露した久保。「まるでテレビゲームのようだ」と地元メディアが驚くプレーは、世界中のサッカーファンにも衝撃をあたえた。

09

帰ってきた天才

柿谷曜一朗

天才少年から
問題児に
そして日本のエースへ

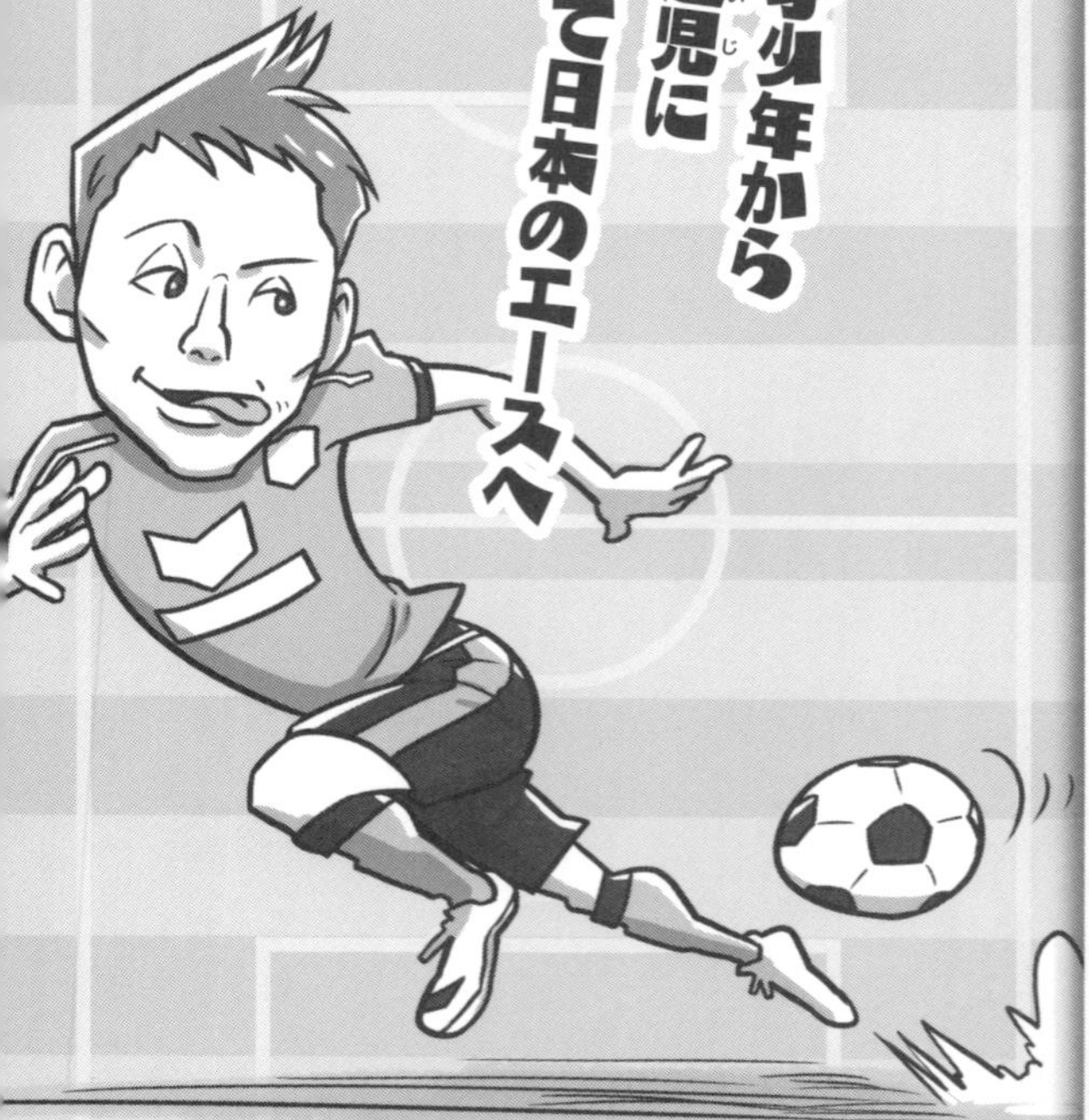

出身地
大阪府大阪市

生年月日
1990年1月3日

身長・体重
177センチ・68キロ

能力パラメータ

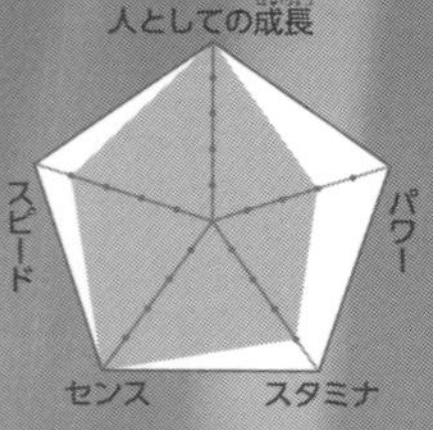

ヒーローの証

- ともにプレーした誰もが認める「天才」
- セレッソ史上最年少の16歳でプロ契約
- 各年代の日本代表でエースとして活躍

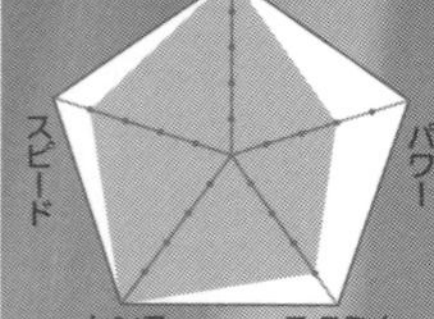

主な所属チームと受賞歴	**チーム** セレッソ大阪ユース→セレッソ大阪→徳島ヴォルティス→セレッソ大阪→バーセル（スイス）→セレッソ大阪　**受賞** ベストイレブン（2013年）、フェアプレー個人賞（2013年）

徳島でよみがえった大阪うまれの〝ジーニアス〟※

4歳からセレッソ大阪の下部チームでサッカーを始め、ずっと「天才」といわれて育った柿谷曜一朗。だが、気づけば、練習にいつも遅刻する問題児に。ついにJ2・徳島ヴォルティスに放出されてしまう。柿谷は、徳島でサッカーを見つめなおすことになった。

2年半後、人として、選手としての成長が認められ、柿谷はセレッソに復帰。さらに2年後、今度は徳島がJ1昇格をはたし、セレッソと初対決を迎える。その日の朝、「ありがとう、徳島。」と題された広告が、徳島の地元新聞に掲載された。柿谷が自分で新聞社にお金をはらい、広告を出したのだ。そこには、こんな言葉が記されていた。「徳島のみなさんが応援してくれていたから、僕はサッカーを続けていられた」「感謝はプレーで返します」。その日、敵地・徳島での試合で、柿谷コールが響いた。

伝説リプレイ

ありがとう 徳島
ただいま 大阪

「セレッソ」はスペイン語で桜のこと。柿谷も桜のように、何度でも満開のプレーでファンを酔わせる。

ヒーロー伝説延長戦

徳島の夏、といえば日本三大盆踊りのひとつ「阿波踊り」。徳島に移籍後、はじめははずかしがって踊らなかった柿谷だが、2年後には自分から率先して踊るように。サッカーだけでなく、阿波踊りでもセンスのよさを発揮した。

※ジーニアス…英語で「天才」のこと。柿谷のニックネームでもある。

10

高みをめざすタワー・ストライカー

ハーフナー・マイク

出身地

広島県広島市

生年月日

1987年5月20日

身長・体重

194センチ・86キロ

能力パラメータ

背の高さ
パワー
スタミナ
センス
スピード

デン・ハーグ
〝頭ひとつ〟抜きんでた男

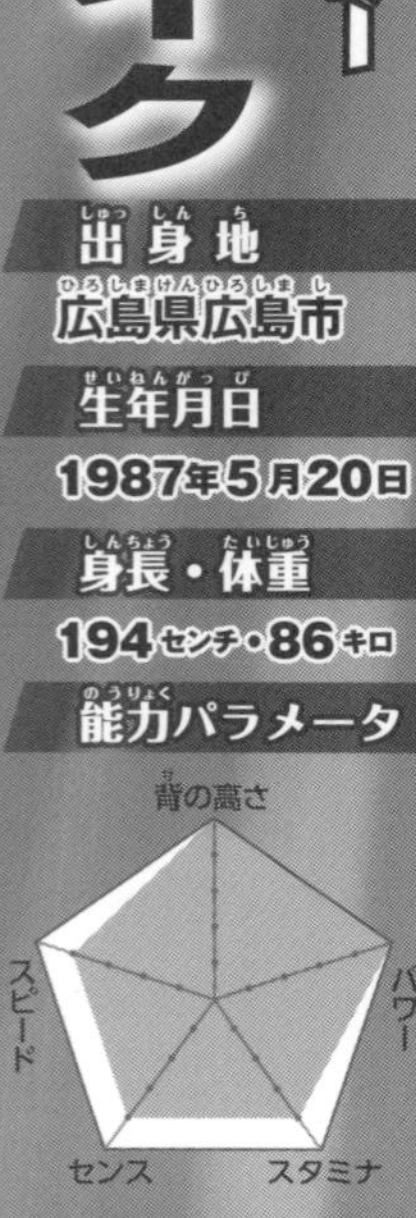

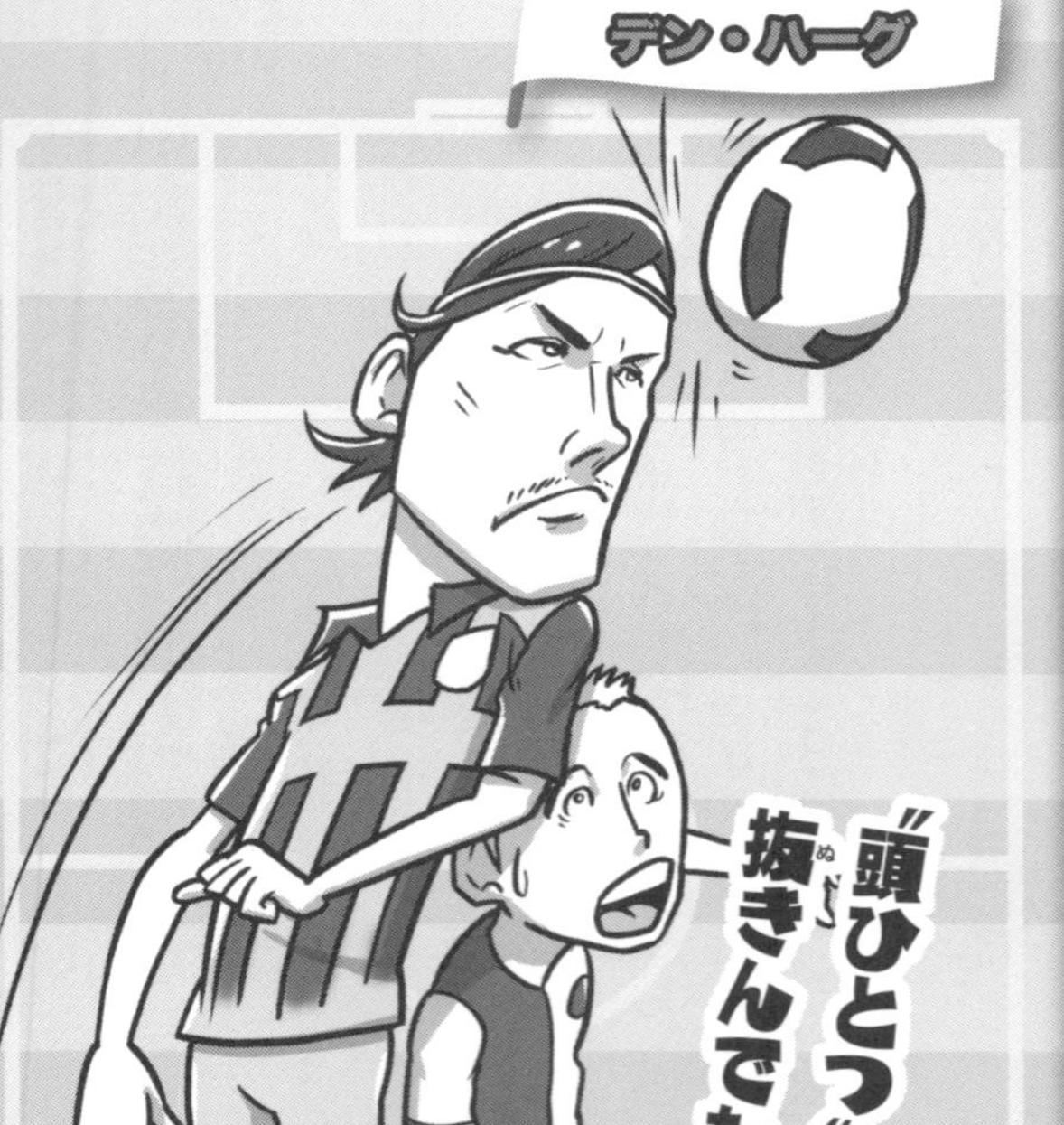

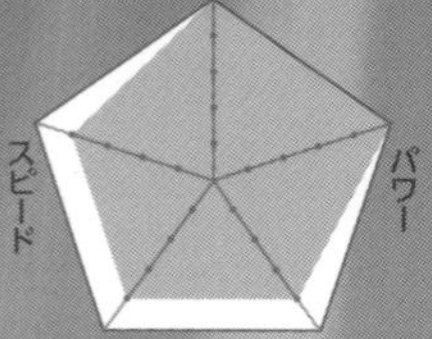

ヒーローの証

- Jリーグができてからもっとも背の高い日本代表
- 日本人では史上初の親子Jリーガー
- ヨーロッパ主要1部リーグ・日本人年間最多得点

主な所属チームと受賞歴

チーム 横浜F・マリノスユース→横浜F・マリノス→アビスパ福岡→サガン鳥栖→ヴァンフォーレ甲府→フィテッセ（オランダ）→コルドバ（スペイン）→ヘルシンキ（フィンランド）→デン・ハーグ（オランダ） **受賞** ベストイレブン（2011年）

オランダの血を継ぐ努力型エリート

身長194センチの超・高身長FW、ハーフナー・マイク。父親はJリーグで名GKとして活躍したハーフナー・ディド。母親も陸上七種競技の元オランダ女王。一流選手の血を受けついだマイクは、小学生のころから快速FWとして有名だった。ところが、中学時代に急激に背がのびはじめると、骨の成長に筋肉の発育がおいつかず、満足に走ることもできなくなった。でも、マイクはサッカーをあきらめなかった。地道なトレーニングで少しずつ筋肉をつけ、スピードよりも高さをいかす長身ストライカーへと変身したのだ。

ヴァンフォーレ甲府では、J2得点王やJ1ベストイレブンの活躍で日本代表にも選出。海外でもプレーし、2016年にはオランダリーグで16得点。ヨーロッパ主要一部リーグでの日本人シーズン最多得点を記録した。

伝説リプレイ

父・ディドも187センチと高身長。日本で27年間、41歳まで現役でプレーした“大物GK”だった。

ヒーロー伝説延長戦

日本うまれ、日本国籍のマイクだが、両親はオランダ出身。じつはオランダは世界一平均身長が高い国で、男性平均が184センチ（日本は約170センチ）。弟のサッカー選手ニッキは197センチとマイク以上の“大物”だ。

高原直泰

Jリーグ&アジア杯得点王

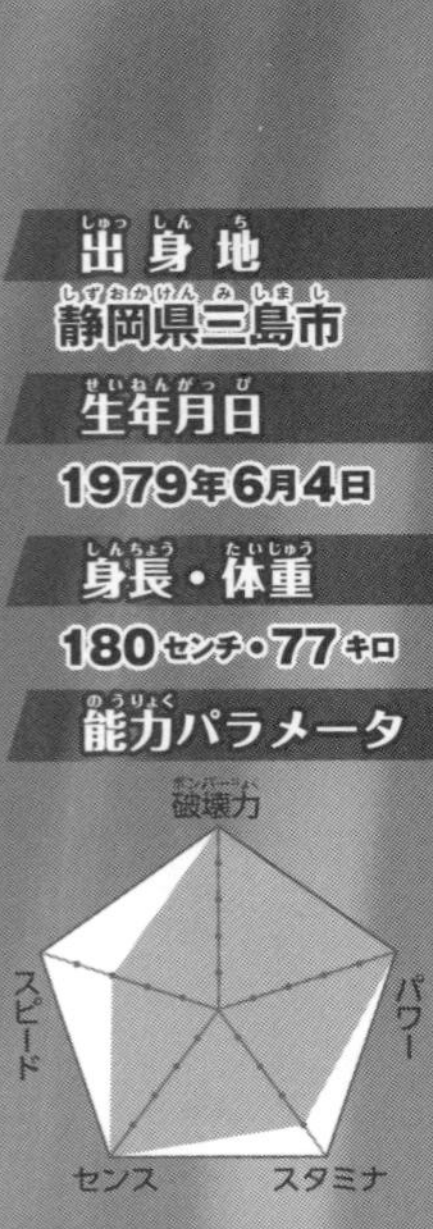

ドイツが恐れた"爆撃機"ストライカー

2006

出身地

静岡県三島市

生年月日

1979年6月4日

身長・体重

180センチ・77キロ

能力パラメータ

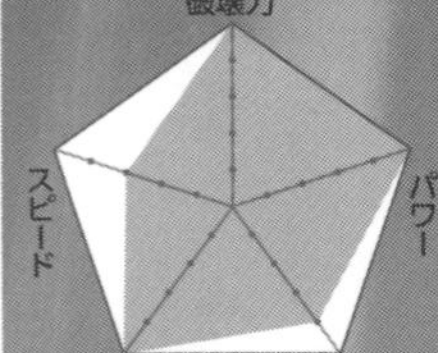

ヒーローの証

- 23歳、史上最年少でのJリーグ得点王
- ブンデスリーガで日本人初のハットトリック
- 日本人初のアジア杯得点王（2007年）

主な所属チームと受賞歴	
チーム	清水東高校→ジュビロ磐田→ボカ・ジュニアーズ（アルゼンチン）→ハンブルガーSV（ドイツ）→フランクフルト（ドイツ）→浦和レッズ→清水エスパルス→東京ヴェルディ→沖縄SV
受賞	MVP、ベストイレブン、得点王（2002年）、Jリーグカップ ニューヒーロー賞（1998年）

アジア最強「スシ・ボンバー」の破壊力

かつて、ブンデスリーガでもドイツ代表でも数多くのゴールを決めた伝説のストライカー、ゲルト・ミュラー。高い攻撃力と決定力から、「爆撃機（デル・ボンバー）」とよばれ、恐れられた。その「ボンバー」の名を受けつぎ、ドイツのサッカーファンから「スシ・ボンバー」とよばれたのが高原直泰だ。

高原の得点力は、若手時代からズバぬけていた。2002年、23歳のときにJリーグ得点王にかがやき、MVPも受賞。23歳での得点王はリーグ史上最年少記録だ。この活躍が認められ、ブンデスリーガに移籍。日本人初のハットトリックやシーズン二桁得点など、ドイツでも得点力の高さを発揮した。2007年のアジア杯では、日本人初の大会得点王にもかがやいた高原。日本がほこるアジア最強の「スシ・ボンバー」は、でも本当は肉が好き。

高原が活躍してから、日本人が海外でゴールを決めると「スシ・ボンバー」とよばれることが多い。

高原のドイツ初ゴールは2003年2月9日の対バイエルン戦。相手は、「世界最強GK」といわれたドイツ代表オリバー・カーン。連続無失点記録を続けていたGKから802分ぶりにゴールをうばい、ドイツ人を驚かせた。

コラム1 Jリーグ誕生秘話

かつて、世界から「サッカー弱小国」とよばれた日本。それをくつがえしたのは、ひとりのドイツ人コーチと、その教え子たち。すべては、日本サッカーの未来のために！

「冬の時代」から「なりたい職業1位」へ

イングランドでうまれ、あっという間に世界中で人気スポーツとなったサッカー。W杯はオリンピック以上の人気イベントだ。日本でも、Jリーグの試合ではいつもたくさんのサポーターが観戦。最近では、小学生男子の「将来なりたい職業」1位が「サッカー選手」だ。だが、プロサッカーリーグ「Jリーグ」ができる以前、サッカーの観客席はいつもガラガラ。「日本サッカー冬の時代」といわれた。そこから、どうやって人気競技になったのか？ まずは時計の針を1960年にもどしてみよう。

世界では「弱小国」だった、当時の日本

サッカー。そんななか、1964年の東京オリンピック開催が決定。世界にはずかしくないプレーをするために、1960年、サッカー大国、※西ドイツから外国人コーチをよんだ。その人物がデットマール・クラマーだ。クラマーに基礎からきたえなおされた代表チームは、4年後の東京オリンピックでベスト8に進出する快進撃。クラマーは「日本サッカーの父」とよばれるようになった。クラマーが西ドイツに帰ったあとも、その教えを受けた選手たちはさらに成長。1968年のメキシコオリンピックでは、なんと銅メダルを獲得した。

　ところが、この「クラマー世代」のあと、日本サッカーはまた低迷期へ。それもそのはず。上達したのは代表選手ばかり。ほかの選手がほとんどそだっていなかった。このころ、日本に「プロサッカー選手」はゼロ。どんなにうまくても、サラリーマンとして働きながらサッカーをする毎日だった。

「このままじゃダメだ。日本が本当に強くなるにはプロリーグが必要だ」と立ちあがったのが、クラマーの教え子たち。そのなかのひとりが、東京オリンピックで代表選手だった川淵三郎だ。「人気がないサッカーでプロリーグなんて成功するはずがない」と反対の声もあがるなか、強いリーダーシップでJリーグ創設にみちびいたのだ。1993年5月15日、川淵は「初代チェアマン」として、Jリーグ開幕を宣言。そしてここから、日本サッカーの人気とレベルは、一気に高まっていったのだ。

※西ドイツ…現在のドイツが東西に分裂していたころの、西側の国。
※チェアマン…「組織のトップ」や「議長」の意味で使われる英語。つづりは chairman。

アスルクラロ沼津

12

魂のゴンゴール

中山雅史

キズだらけでも前を向く炎のストライカー

1998 2002

出身地
静岡県藤枝市

生年月日
1967年9月23日

身長・体重
178センチ・72キロ

能力パラメータ

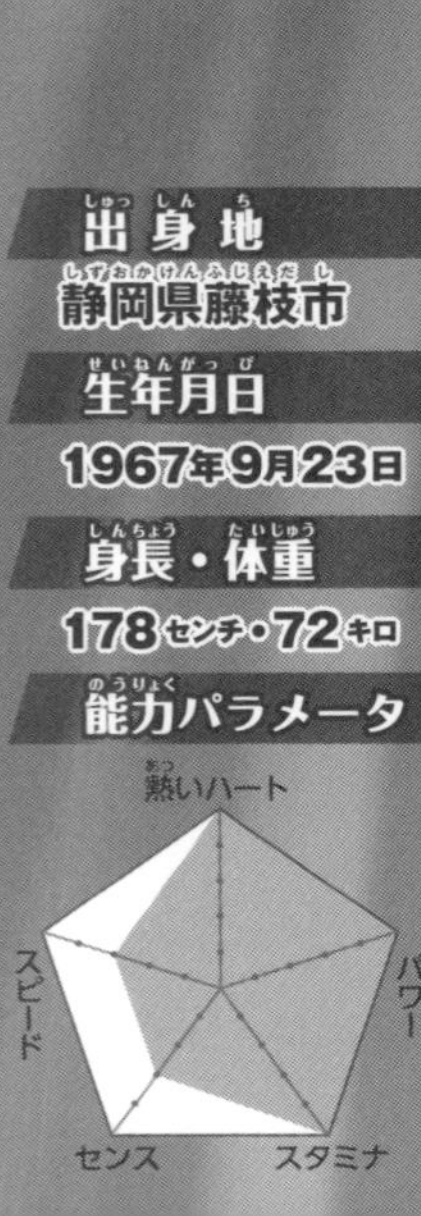

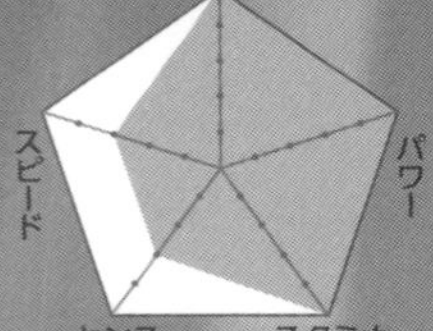

ヒーローの証

- Jリーグ年間36得点は史上最多記録
- 45歳でのJ1出場は史上最年長記録
- 引退から3年、48歳でまさかの現役復帰！

主な所属チームと受賞歴	
チーム	筑波大学→ヤマハ発動機／ジュビロ磐田→コンサドーレ札幌→アスルクラロ沼津
受賞	MVP（1998年）、ベストイレブン（1997年、1998年、2000年、2002年）、得点王（1998年、2000年）、アジアベストイレブン（1999年）

骨折してもあきらめない記録にも記憶にも残る男

「4試合連続ハットトリック」と「試合開始3分15秒でハットトリック」というふたつのギネス記録を達成。さらに、Jリーグで決めた「157ゴール」は長らく通算最多ゴール数だった。日本サッカー史で「記録にも記憶にも残る男」といえば、「ゴン」のニックネームで親しまれた中山雅史で決まりだ。

ファンの記憶に強い印象を残したのは、誰よりも熱いハートで戦っていたから。「日本代表W杯初ゴール」を決めた1998年フランスW杯でも、試合中に骨折をしながらピッチに立ちつづけた。最後まであきらめず、どんなに痛くてもゴールを狙いつづける姿が見る者を熱くさせた。45歳で引退するときも「未練タラタラ。ケガが治ったらもどってきます」とコメント。そして2015年、48歳にして本当に現役復帰を宣言した。ゴン中山の挑戦は続く。

伝説リプレイ

眼を強打して失明寸前の重傷を負ったことも。数かずのケガを乗りこえてピッチに立ちつづけたのだ。

ヒーロー伝説延長戦

かがやかしい記録が多い反面、日本代表では控え（サブ）時代が長かった。だが、明るいキャラクターでベンチをもりあげ、試合後半に切り札として登場する「スーパーサブ」として活躍。レギュラーへとのぼりつめた。

FC東京

前田遼一

ごはん大好き得点王

食べるから強い！
J屈指の大食漢ストライカー

出身地
兵庫県神戸市

生年月日
1981年10月9日

身長・体重
183センチ・78キロ

能力パラメータ

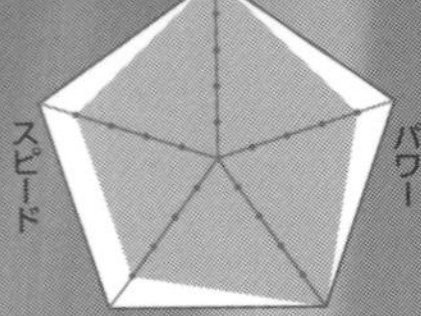

ヒーローの証

- J1通算100得点を史上最年少29歳で達成
- Jリーグ史上初の2年連続得点王
- Jリーグ屈指の胃腸の強さをもつ男

主な所属チームと受賞歴	チーム 暁星高校→ジュビロ磐田→ＦＣ東京　受賞 ＭＶＰ（2010年）、ベストイレブン（2009年、2010年）、得点王（2009年、2010年）、ＪリーグカップＭＶＰ（2010年）

元ＭＦがＦＷで成功できた理由

ジュビロ磐田に入団したときは、体の細いＭＦだった前田遼一。だが、同じクラブにいた中山雅史、高原直泰という、日本を代表する先輩ストライカーの影響を受け、ＦＷへ転身。トレーニングで体を大きく、強くした前田は、ＭＦ時代に身につけた足もとの確かな技術もいかして得点を量産。２００９年と２０１０年、Ｊリーグ史上初となる２年連続得点王にかがやいたのだ。

そんな前田。Ｊ屈指の得点力以外に、リーグでも一、二を争う「大食い」と「胃腸の強さ」でも有名だ。食事や水があわず、チームメートが体調をくずした海外遠征でもマイペースに食べつづけたのは当たり前。２０１２年にはＭＴＰ（今年一年もっともたくさん食べたプレーヤー）としてチーム内表彰された実績ももっている。だからこそ、体をぶつけあうＦＷでも成功できたのだ。

伝説リプレイ

ＦＣ東京へ移籍するとき、ファンは「東京に前田の胃袋を満足させられる店はあるのか？」と心配した。

2007年から６年間、「前田がリーグ戦でシーズン初ゴールを決めた相手がＪ２に降格する」というできごとが続いた。この話題は「恐怖をよぶストライカー」として海外メディアでもとりあげられるほどだった。

引退

14 元祖スーパールーキー 城彰二

1998

出身地
北海道室蘭市

生年月日
1975年6月17日

身長・体重
179センチ・72キロ

能力パラメータ

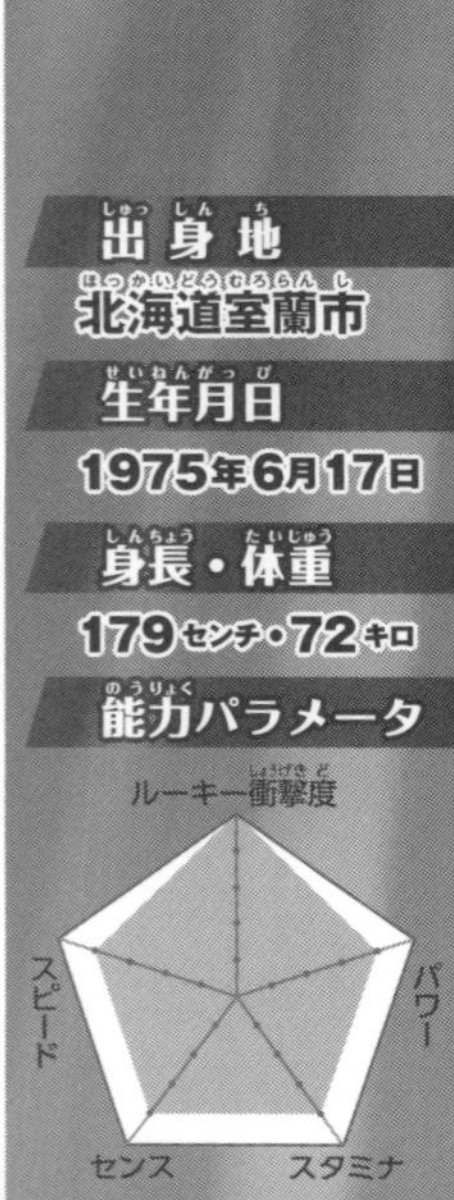

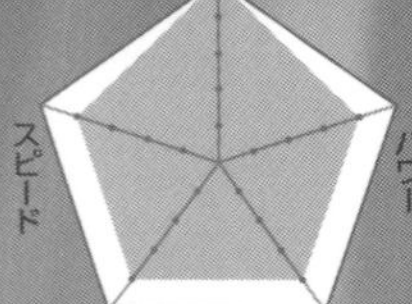

ヒーローの証

- 高卒新人記録の「開幕4試合連続ゴール」と「年間12得点」
- 日本人初のリーガ・エスパニョーラ出場

主な所属チームと受賞歴	**チーム** 鹿児島実業高校→ジェフユナイテッド市原→横浜マリノス→バリャドリード（スペイン）→横浜F・マリノス→ヴィッセル神戸→横浜FC　**受賞** Jリーグ功労選手賞（2007年）

高卒新人選手が決めた伝説の4試合連続ゴール

「スーパールーキー」。その言葉は、彼のためにある。1994年、18歳だったころの城彰二だ。高校を卒業してジェフ市原に入団すると、卒業式から数日後の開幕ゲームでスタメンにえらばれ、ヘディングシュートで先制ゴール！喜びのあまり、前方宙返りのパフォーマンスを披露し、「すごい新人があらわれた」とニュースになった。

18歳の若僧にこれ以上活躍されてたまるかと、その後は敵のマークもきびしくなったが、それでも城は、なんと4試合連続でゴール。さらに、一流選手ばかりが出場するオールスターゲームにもえらばれ、先制ゴールを決めた。

この年、12得点を決めた城は日本代表にも定着し、1998年、日本が初出場したフランスW杯でもスタメン出場。日本サッカーのレベルが上昇したとき、そこにいたのが城彰二だった。

伝説リプレイ

トランプで一番強いカードが「スペードのA」。“エース”ストライカー・城にピッタリだ。

ヒーロー伝説延長戦

世界最高レベルのサッカーリーグといわれる、スペインのリーガ・エスパニョーラ。そのクラブチームのひとつ、バリャドリードに移籍（2000年）。日本人選手として、初のリーガ・エスパニョーラ出場と初ゴールを決めた。

ミスター・セレッソ

森島寛晃

日本一腰の低いJリーガー

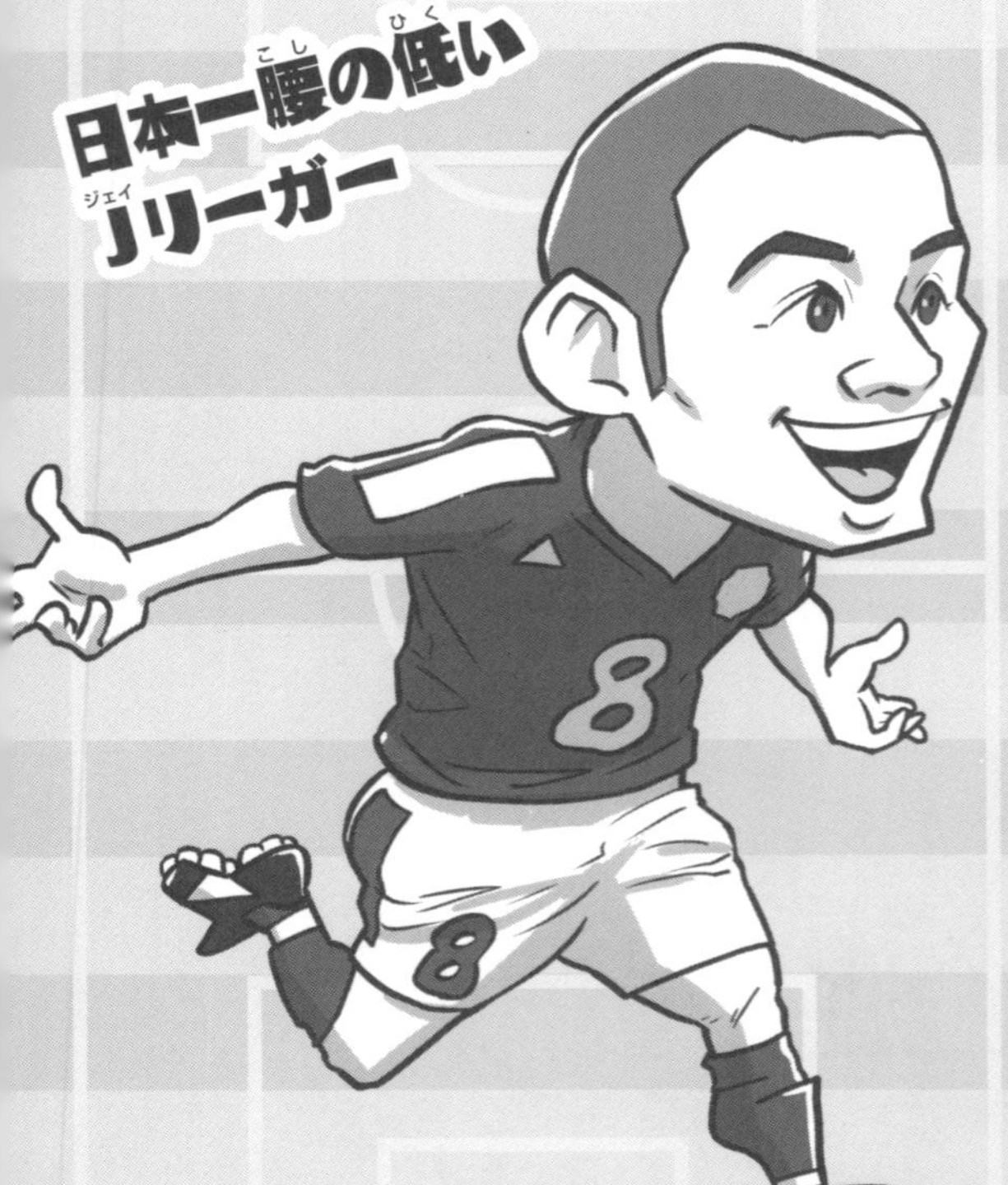

出身地
広島県広島市

生年月日
1972年4月30日

身長・体重
168センチ・62キロ

能力パラメータ

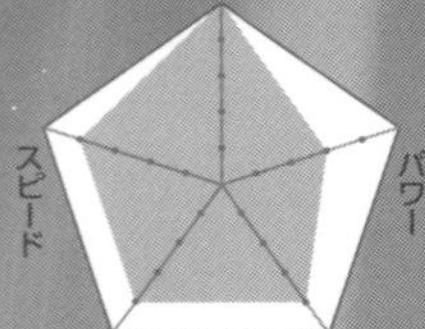

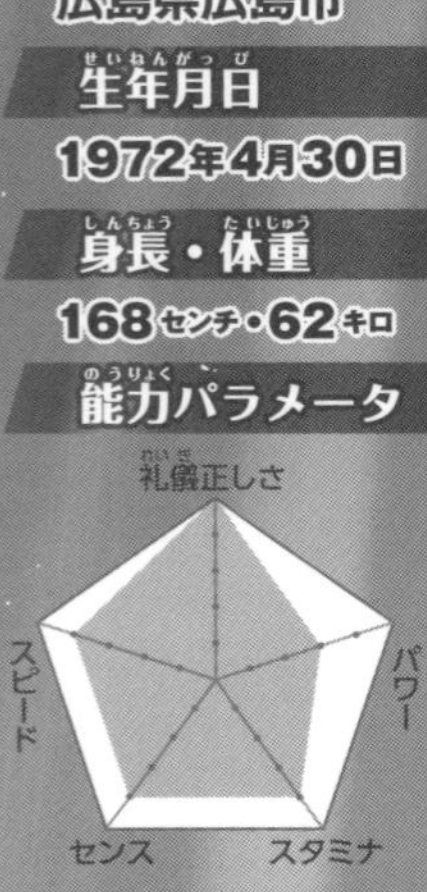

ヒーローの証

- Ｊ２に降格しても迷わずセレッソに残留
- ゴールのあとの飛行機パフォーマンスも人気
- Ｊ１で94得点、Ｊ２で12得点の「小さな巨人」

主な所属チームと受賞歴 **チーム** 東海大一高校→ヤンマーディーゼル／セレッソ大阪 **受賞** ベストイレブン（1995年、2000年）、Jリーグ功労選手賞（2009年）

背丈もおじぎも低いけど誰よりもデカい存在感

身長168センチ。ピッチ内では一番小柄でも、あふれるガッツで誰よりも大きな存在感をしめしたのが「モリシ」とよばれて愛された森島寛晃だ。

チームの大黒柱としてセレッソ大阪を支えつづけ、いつしか「ミスター・セレッソ」とよばれるようになった森島には、もうひとつ「日本一腰の低いJリーガー」という呼び名があった。サポーターにも記者にも、あいさつをするときはいつも腰を90度かがめておじぎ。誰に対しても礼儀正しく接したからこそ、みんなに愛されたのだ。

2002年の日韓W杯では、セレッソの本拠地、長居スタジアムでゴール。「自国開催のW杯で、自分のホームスタジアムで得点を決める」という、世界中のサッカー選手がしたくてもできない偉業を達成。一番小さな男が、誰よりも大きなかがやきを放っていた。

伝説リプレイ

森島が心がけたのは「仲間を大事にし、相手の気もちをわかる」こと。おじぎはそのあらわれなのだ。

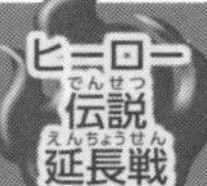

セレッソではつねに背番号「8」だった森島。引退式でその8番のユニフォームを手わたした相手が、のちに日本のエースとなる香川真司。その後も清武弘嗣、柿谷曜一朗と、日本代表で活躍する男たちに8番は受けつがれている。

16

岡野雅行

走るだけで感動をあたえた男

引退

爆走！快走!!野人伝説!!!

1998

出身地

神奈川県横浜市

生年月日

1972年7月25日

身長・体重

175センチ・72キロ

能力パラメータ

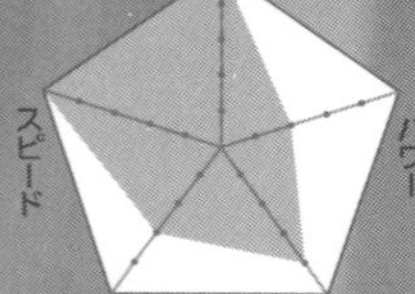

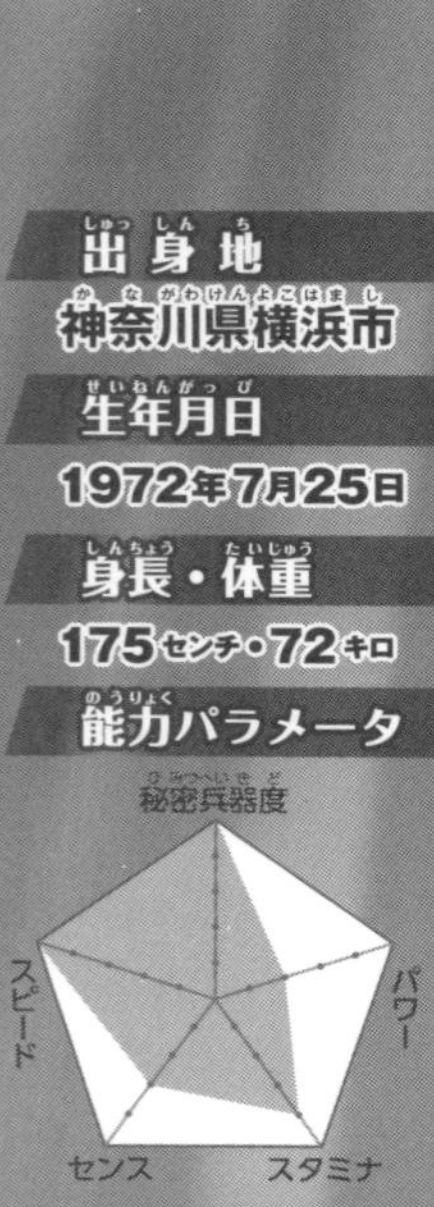

ヒーローの証

- 大学時代、寝坊で体が重く、しかも重たいバスケシューズで走った100メートル走で10秒8！
- W杯初出場を決めた「日本の秘密兵器」

主な所属チームと受賞歴	
チーム	日本大学→浦和レッズ→ヴィッセル神戸→浦和レッズ→天水圍飛馬（香港）→ガイナーレ鳥取
受賞	ベストイレブン（1996年）、フェアプレー個人賞（1996年）、Jリーグ功労選手賞（2014年）

洗濯係からかけあがったW杯秘密兵器への道

長い髪をふりみだして走る姿から、「野人※」とよばれた男、岡野雅行。彼はずっと、日陰の存在だった。

高校にはサッカー部がなく、部をつくることから始めた。大学のサッカー部には「洗濯係」として入部。誰からも期待されていなかったが、体育の授業で自分の足の速さを〝発見〟。快速FWとして生きる道を見つけたのだ。

その足で日本を救った試合が、勝てばW杯初出場が決まる大一番。それまで監督から「お前は秘密兵器だ」といわれながら、ずっと秘密のままだった岡野の出番がついに訪れたのだ。ところが、緊張のあまりミスを連発。「やっぱり岡野じゃダメだ」と誰もが感じた試合終了間際、キーパーがはじいたボールに誰よりもすばやく飛びこんだのが岡野。W杯予選で決めた〝初ゴール〟が、日本のW杯〝初出場〟を決めたのだ。

伝説リプレイ

W杯予選のたびにテレビで流れる岡野のすべりこみシュート。岡野と日本の運命を変えた一撃だ。

快速伝説①グラウンドに犬が乱入。「ヤバい、かまれる」と思い走りだすと、あまりの速さに犬が降参。②試合でミスパスをした岡野。「ヤバい、とられる」と思い走りだすと、敵より速くおいつき、ひとりスルーパス完成。

※ 野人…体中が毛むくじゃらだという、伝説の未確認動物。

豊田陽平

身体能力抜群のパワフルファイター

飛べて、走れて、当たれる男

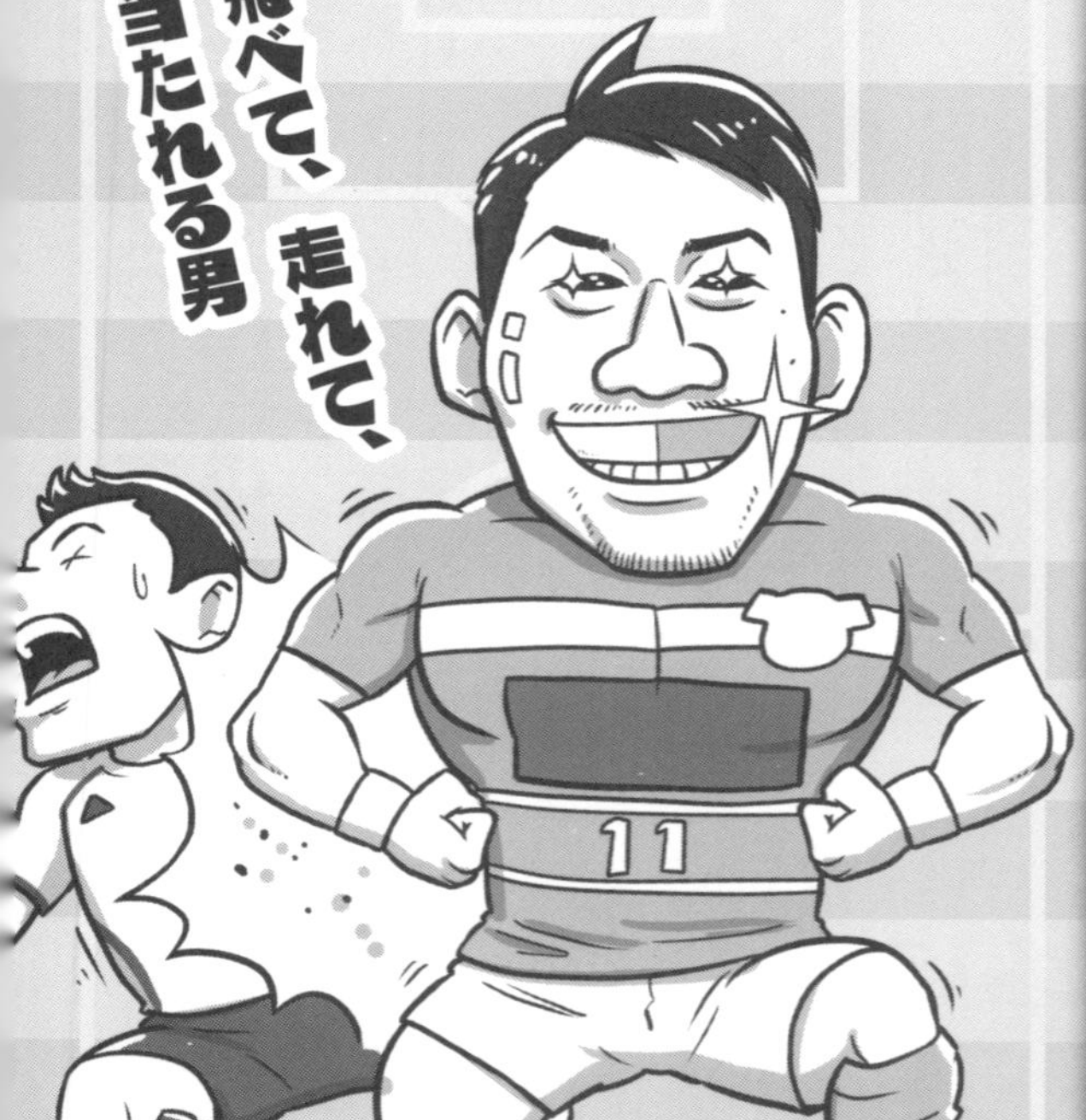

出身地
石川県小松市

生年月日
1985年4月11日

身長・体重
185センチ・79キロ

能力パラメータ

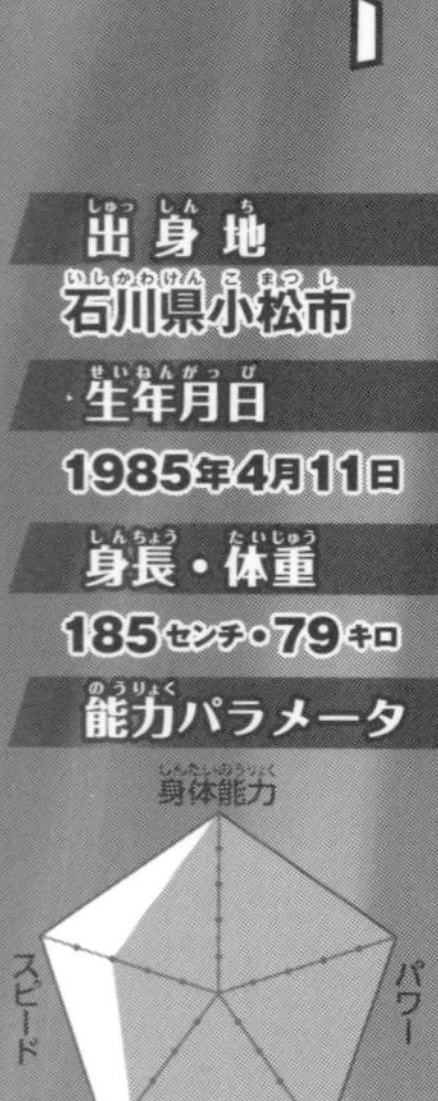

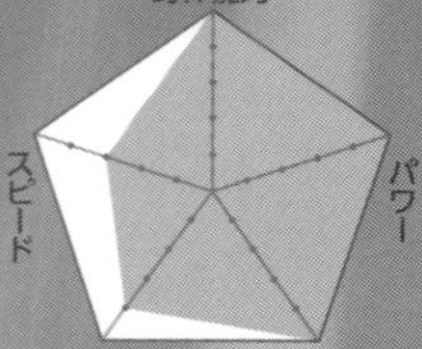

ヒーローの証

- カズにならぶ史上ふたり目の4年連続15得点
- ヘディングだけでハットトリックの「空の王者」
- 巨漢のわりには動きが軽快。持久力も◎

主な所属チームと受賞歴	
チーム	星稜高校→名古屋グランパス→モンテディオ山形→京都サンガF.C.→サガン鳥栖
受賞	ベストイレブン（2012年）、フェアプレー個人賞（2014年）

一流の肉体を支えるハート&マウスガード

Jリーグ屈指の高い身体能力で、得点はもちろん、空中戦、ポストプレー、前線からの守備と、さまざまな場面で活躍する大型FW・豊田陽平。彼の活躍を支えるものは、肉体以外にもある。

まずはハートだ。豊田は2007年、22歳のときに相手DFとぶつかり、内臓が破裂。数センチずれていれば、命があぶない大ケガだった。手術をし、2週間寝たきり生活をおくった豊田は、なんとたった2か月で試合に復帰。「このケガより痛いことも怖いことも、たぶんないだろう」とポジティブに考え、リハビリにとりくんだ結果だった。

もうひとつは、サガン鳥栖に移籍した2010年から使っている、ケガ防止のマウスガード。思い切ったプレーが可能になり、翌年にはJ2得点王で鳥栖のJ1復帰に貢献。いまではすっかり豊田のトレードマークになっている。

伝説リプレイ

マウスガードをかみしめると、口や顔のケガを防ぐだけでなく、力も出やすくなるといわれている。

ヒーロー伝説延長戦

豊田は石川県の星稜高校出身。先輩に、国民栄誉賞を受賞した元メジャーリーガー・松井秀喜がいる。豊田は、学校のスポーツテストで“松井記録”を次つぎと更新。周囲を驚かせた。身体能力はまさに“世界クラス”だ。

安定感バツグンの万能FW

興梠慎三

義理と人情を重んじるストライカー

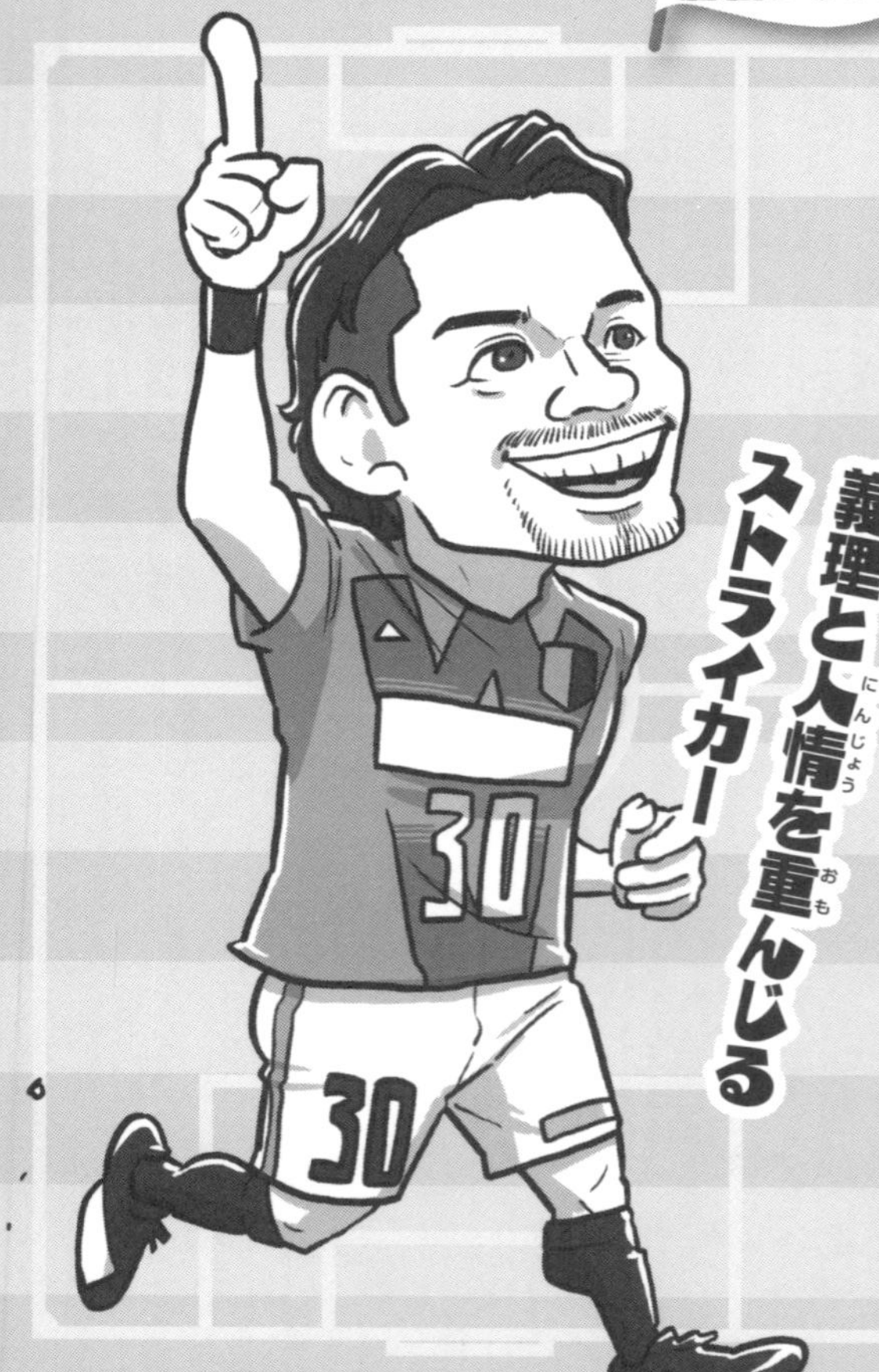

出身地
宮崎県宮崎市

生年月日
1986年7月31日

身長・体重
175センチ・72キロ

能力パラメータ

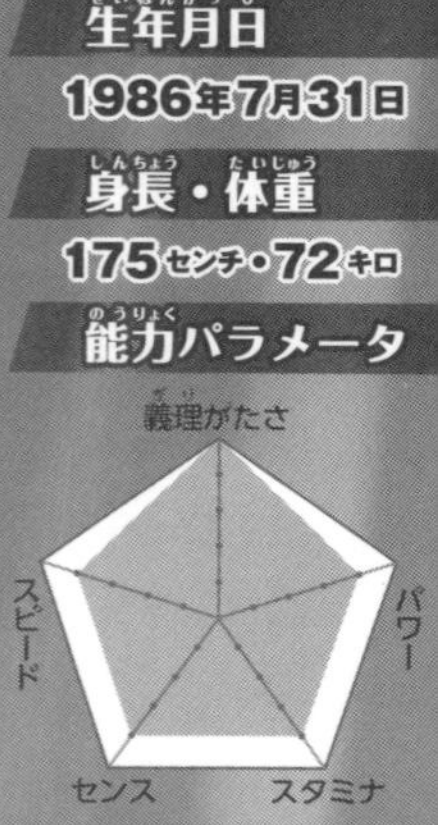

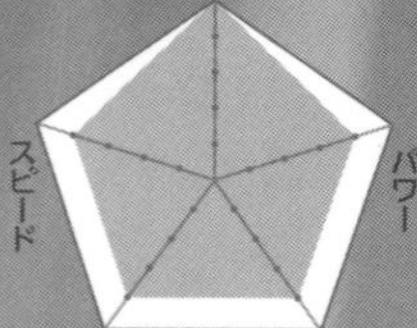

ヒーローの証

- リオオリンピックにオーバーエイジ枠で出場
- レギュラー争いのはげしい強豪チーム、鹿島と浦和で「6年連続二桁得点」の決定力

主な所属チームと受賞歴

チーム 鵬翔高校→鹿島アントラーズ→浦和レッズ

みちびかれるままに成長した日本の「切り札」

小学5年生、はじめての試合でハットトリックを達成。6年生のときにはフットサルで全国大会も経験、と順調に始まった興梠慎三のサッカー人生。だが、そこからは挫折の連続だった。

中学ではのびなやみ、高校受験も失敗。その才能を見こんだ鵬翔高校の松崎監督にさそわれ、なんとか高校には入れたものの、入学するときびしい練習と上下関係にたえきれず、1年生の夏には練習に行くのをやめてしまう。それでも、監督の説得でサッカー部にもどると、全国出場に大きく貢献した。

だからなのか、〝監督〟の説得にはいまも弱い。2016年、リオオリンピックに「日本の切り札」としてオーバーエイジ枠[※]での出場を打診された興梠。クラブ優先と一度はことわったが、「オレは慎三と戦いたい」という手倉森代表監督の熱い言葉に燃え、出場を決めたのだ。

伝説リプレイ

2016年にはJ1通算100得点も達成。監督たちが見こんだ力は、ゴールになってあらわれている。

ヒーロー伝説延長戦

宮崎県出身の選手で、オリンピック代表にえらばれたのは興梠が初。かつて興梠にサッカーを続けるよう説得した松崎監督は、「Jリーグのクラブがない宮崎県のサッカー少年にも、勇気をあたえる」と教え子の成長を喜んだ。

※オーバーエイジ枠…年齢制限のある大会で、例外的に出場が認められた年上の選手。

19

チームに不可欠な"ノーゴール"

鈴木隆行

引退

日本を救ったつま先弾

2002

出身地

茨城県日立市

生年月日

1976年6月5日

身長・体重

182センチ・75キロ

能力パラメータ

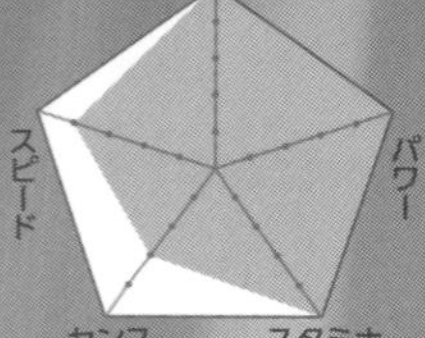

ヒーローの証

- 日本代表にW杯ではじめての「勝ち点1」をもたらした"つま先ゴール"
- 5か国10クラブでプレーした「世界を知る男」

主な所属チームと受賞歴	チーム 日立工業高校→鹿島アントラーズ→CFZ（ブラジル）→川崎フロンターレ→鹿島→ヘンク（ベルギー）→鹿島→レッドスター・ベオグラード（セルビア・モンテネグロ）→横浜F・マリノス→ポートランド・ティンバーズ（アメリカ）→水戸ホーリーホック→ジェフ千葉 受賞 Jリーグカップ ニューヒーロー賞（2000年）

救世主がつくった尊敬すべき珍記録

日本で開催された2002年の日韓W杯。負けられない大事な初戦のベルギー戦、日本は1点を先制されるきびしい展開。このピンチを救ったのが鈴木隆行の「つま先」だった。味方からのパスが相手キーパーと自分との間に落ちた瞬間、目一杯右足をのばすと、一瞬早く、キーパーより先にボールにさわったのだ。ボールはコースを変え、キーパーをかわしてゴールネットへ。日本を救う同点ゴールとなった。

そんな日本の救世主・鈴木隆行。得点するのが仕事のFWにもかかわらず、「46試合連続ノーゴール」という珍記録もつくっている。だがそれは、点を決めなくても、守備や攻撃のリズムをつくるポストプレーなどでチームの役に立ち、試合に出つづけることができたから。尊敬の意味をこめ、ファンは彼を「ノーゴール師匠」とよんだ。

W杯ベルギー戦での活躍後、ベルギーリーグに移籍した鈴木。ベルギーのファンは温かく彼を迎えた。

茨城県出身の鈴木。一度は引退を決めた2011年、東日本大震災が発生。被害を受けた故郷に何か恩返しができないかと、茨城のクラブ・水戸ホーリーホックと無報酬で契約。その熱い心が多くの人に勇気をあたえた。

20

小林悠

試練を乗りこえた連続ゴールゲッター

「不運な男」から「不屈の男」へ

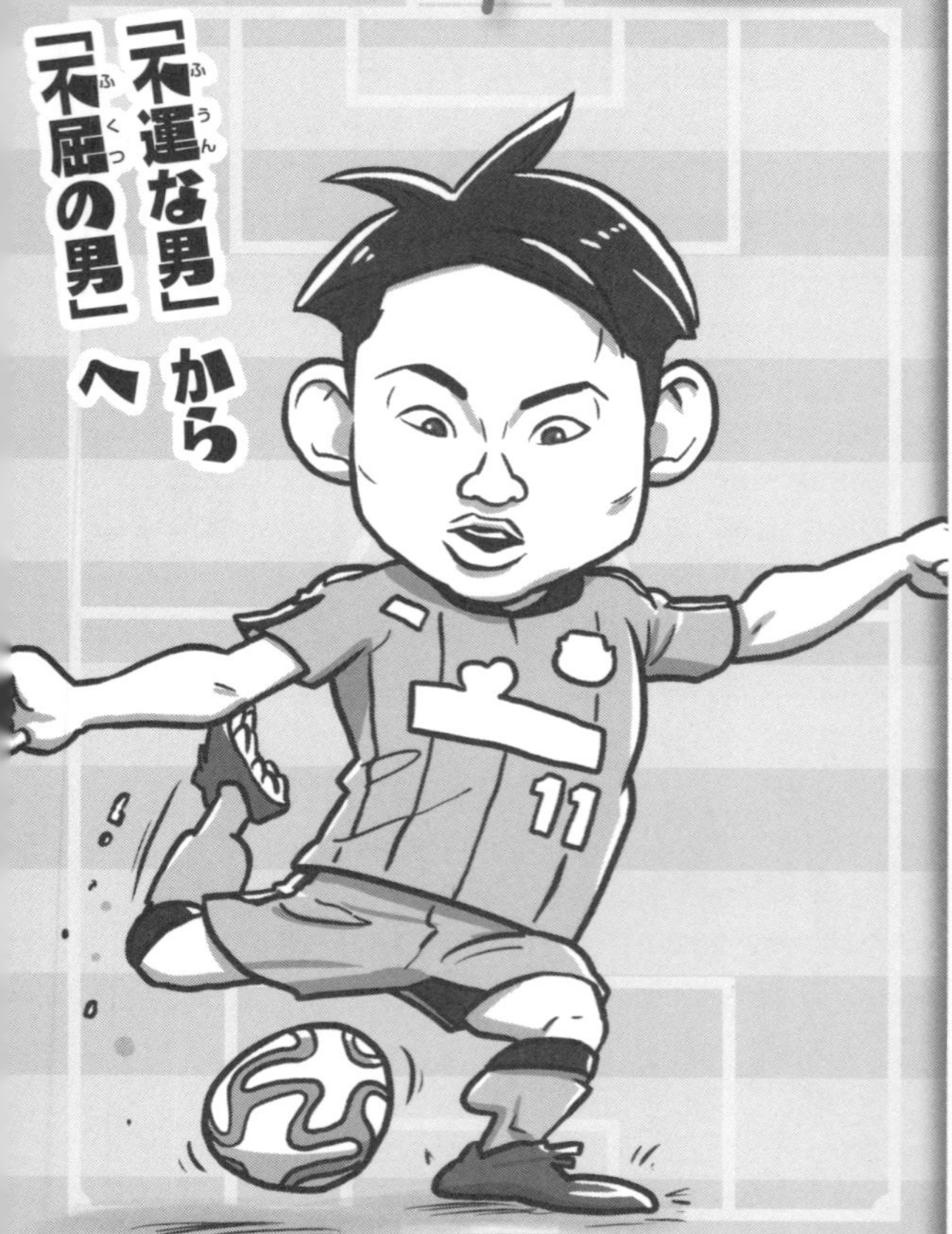

出身地
東京都町田市

生年月日
1987年9月23日

身長・体重
177センチ・72キロ

能力パラメータ

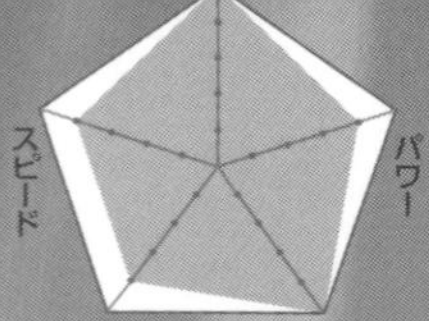

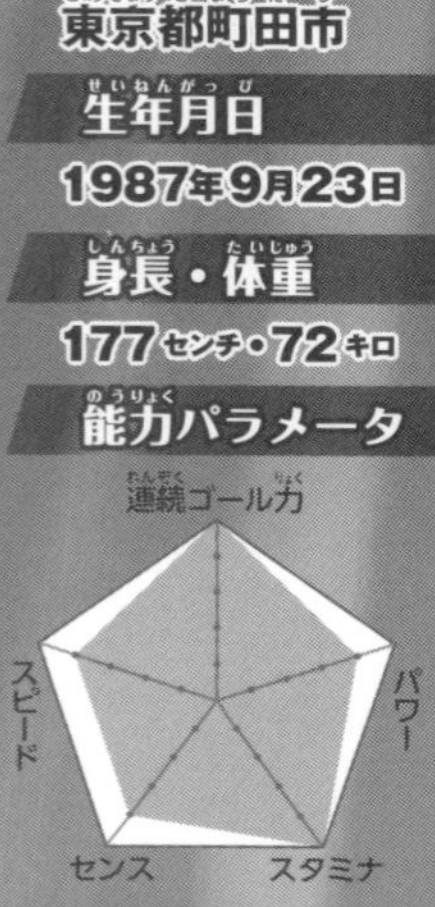

ヒーローの証

- Jリーグ日本人タイ記録の「7試合連続ゴール」
- 2014年から「4年連続開幕戦ゴール」(2017年現在、継続中)の“開幕男”

主な所属チームと受賞歴　**チーム** 拓殖大学→水戸ホーリーホック→川崎フロンターレ　**受賞** ベストイレブン（2016年）

神様にはたよらない！ みずからつかんだ大記録

代表候補になると、なぜか決まってケガをしてしまう「不運な男」、小林悠。くやしさのあまり、あるとき自分のブログにこんなことを書いた。

「誰かが言っていました。『神様は乗り越えられる人にしか試練を与えないんだよ』と。神様に言いたい。何回目だよ！ そんな俺強くないわ！ 笑」

小林は、神様にたよらず試練を乗りこえようと、2015年ごろから体質改善を始めた。ヨガに通って体のケアにつとめ、練習中もこまめに水分補給。ケガ防止のマウスピースも導入したところ、ケガの回数は大きく減ったのだ。

ケガがなければ、小林はたのもしい点とり屋だ。その証拠に、2016年に「7試合連続ゴール」、2017年には「4年連続開幕戦ゴール」を達成。ともにJリーグ日本人タイ記録だ。連続ゴール何回目だよ！

伝説リプレイ

2017年からはキャプテンに就任。自分のため、チームのため、もうケガなんてしていられない！

ヒーロー伝説延長戦

川崎フロンターレで15得点を決めた2016年のシーズンオフ、「小林争奪戦」が行われた。川崎より1億円も多い年俸でさそうクラブもあったが、小林は悩んだすえに残留を決意。お金より「川崎への愛」をえらんだ。

J通算得点記録更新中の
"日本最強"ストライカー

21

史上初の3年連続得点王

大久保 嘉人

出身地
福岡県京都郡苅田町

生年月日
1982年6月9日

身長・体重
170センチ・73キロ

能力パラメータ

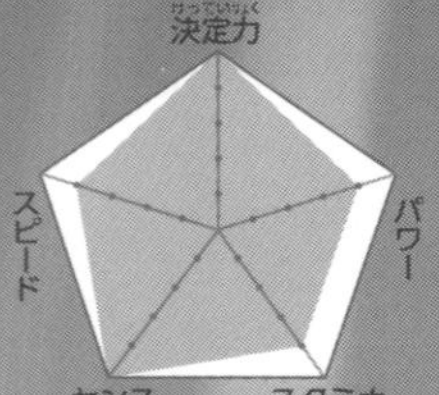

2010 2014

ヒーローの証

- 30代になってからの3年連続得点王
- MFとしての能力も高く、南アフリカW杯では攻守両面で日本のグループリーグ突破に貢献

主な所属チームと受賞歴	チーム 国見高校→セレッソ大阪→マジョルカ（スペイン）→ヴィッセル神戸→ヴォルフスブルク（ドイツ）→ヴィッセル神戸→川崎フロンターレ→ＦＣ東京　受賞 得点王（2013年～2015年）、ベストイレブン（2013年～2015年）

偉大なる復活劇！衰えしらずの〝百獣の王〟

高校サッカー名門校、長崎県立国見高校出身の大久保嘉人。３年生のときには、インターハイと高校サッカー選手権で得点王にかがやくなど、高校時代からその得点力は折り紙つきだった。

プロに入ってからも、クラブや日本代表で活躍。スペインのリーガ・エスパニョーラでもプレーするなど、華麗な経歴をつみかさねていった。だが、20代後半に差しかかった２００９年からは4年連続でリーグ戦一桁得点。「ストライカー大久保の時代は終わった」。そんなふうに思うファンもいた。

ところが、本当の大久保のスゴさはここからだった。川崎に移籍した31歳ではじめてＪ１得点王にかがやくと、そこから誰もできなかった「３年連続得点王」という偉業を達成したのだ。※通算得点数は史上最多記録をいまも更新中。人は彼を「百獣の王」とよぶ。

伝説リプレイ

「百獣の王」は芸能人・武井壮から譲りうけた称号。ゴールという獲物を狙う大久保にこそピッタリ！

ヒーロー伝説延長戦

3年連続得点王にいどんでいた 2015 年。妻が病気になり、薬の影響で髪が抜ける可能性があった。大久保は妻を勇気づけるため、3人の子どもたちと一緒に坊主頭に。願いはとどき、妻は回復。大久保も得点王にかがやいた。

※通算得点数…2017 年 6 月現在、177 点。2 位は佐藤寿人で 161 点。

玉田圭司

世界が驚いた弾丸レフティ

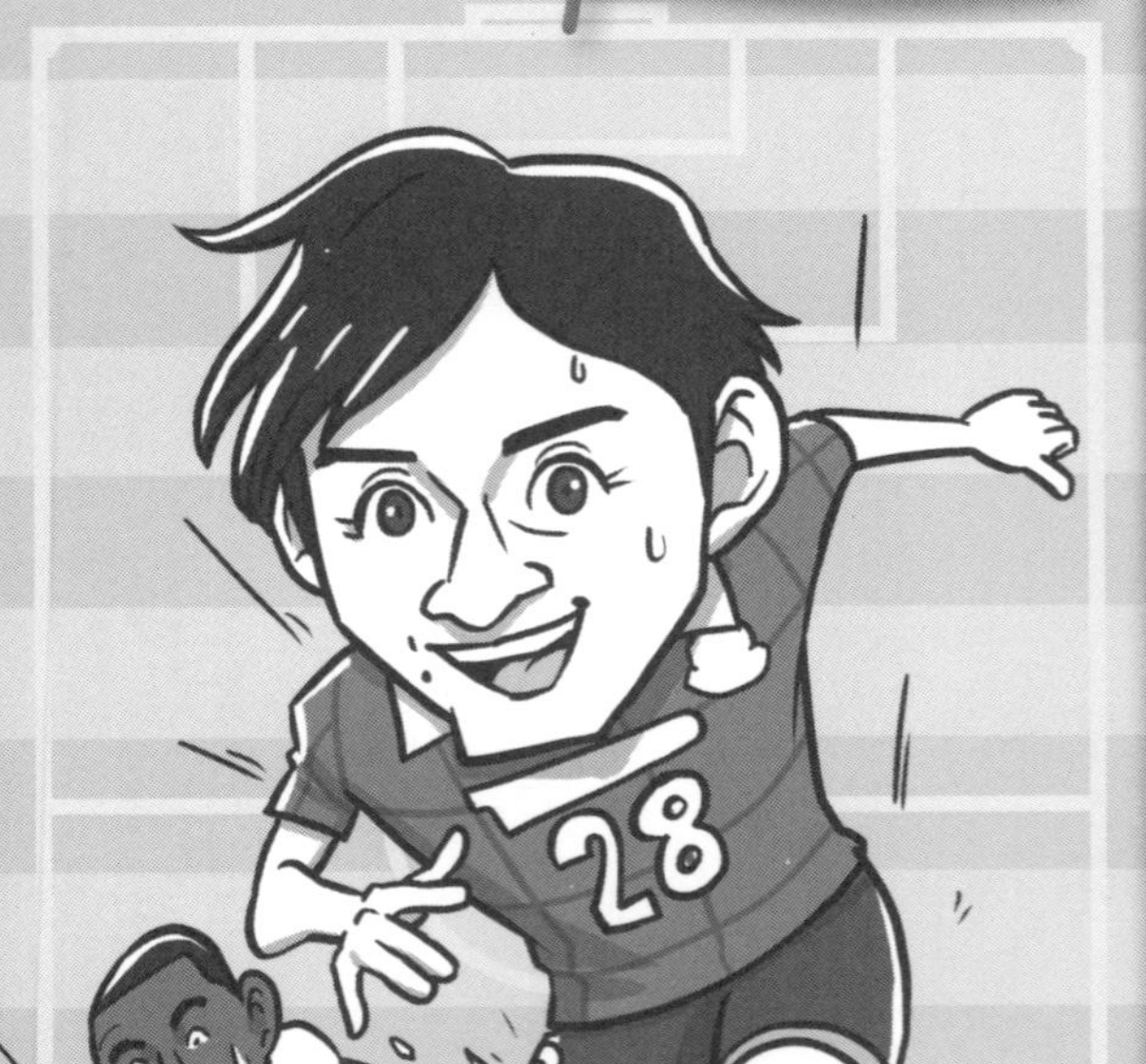

技術にすぐれたスピードスター

2006 2010

出身地

千葉県浦安市

生年月日

1980年4月11日

身長・体重

173センチ・68キロ

能力パラメータ

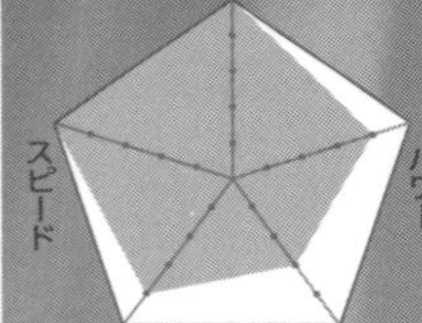

- W杯ブラジル戦でスーパーゴール
- スピードにのっても高い技術を発揮
- Jリーグ屈指の“イケメン”ストライカー

主な所属チームと受賞歴	チーム 習志野高校→柏レイソル→名古屋グランパス→セレッソ大阪→名古屋グランパス

ブラジルを本気にさせた左足のスーパーゴール

2006年のドイツW杯。〝サッカーの神様〟ジーコ監督のもと、「史上最強」といわれた日本代表だったが、予選リーグ2試合を終えて1敗1分。もうあとがない状況で迎えた相手が王者ブラジルだった。

勝たなければ予選リーグ突破は不可能。でも、ブラジルに勝てるはずがない……そんな状況で世界を驚かせたのが玉田圭司。スルーパスに反応すると、得意の左足で豪快なゴールを決めたのだ。試合にはやぶれたが、ブラジルを目覚めさせた一発、として高く評価された。

足が速い選手やすばやさを売りにする選手はほかにも多いが、玉田はスピードにのった状態でも高い技術でプレーすることができるのが大きな特徴。2010年のW杯でも、試合終盤、疲れた相手にスピードで切りこむスーパーサブとして活躍した。

伝説リプレイ

左足の技術は、“ピッチの妖精”といわれた伝説の選手・ストイコビッチが、「ナンバーワン」と絶賛したほど。

ヒーロー伝説延長戦

2004年のアジア杯ではチーム最多タイの3得点。準決勝バーレーン戦では、延長戦に入ってから得意のドリブルでふたりのDFを振りきりGKもかわし、日本を決勝へみちびくゴール。日本の大会連覇に大きく貢献した。

ロアッソ熊本

23 熊本へ、ガッツをとどける 巻誠一郎

右でも左でもないきき足は"頭"

ヒーローの証

- 「代役の代役」からW杯代表へ
- 「きき足は"頭"」を公言。地面すれすれのボールでもヘディングを狙うガッツマン

出身地
熊本県宇城市（旧・下益城郡小川町）

生年月日
1980年8月7日

身長・体重
184センチ・81キロ

能力パラメータ

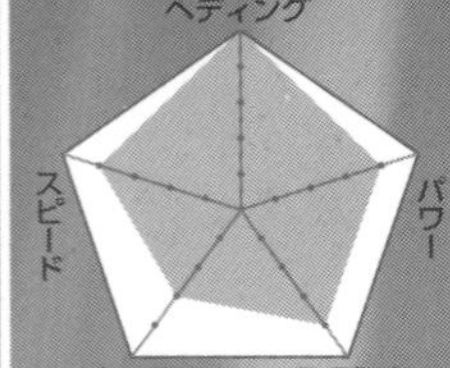

主な所属チームと受賞歴

チーム 駒澤大学→ジェフユナイテッド市原→アムカル・ペルミ（ロシア）→深圳紅鑽（中国）→東京ヴェルディ→ロアッソ熊本

「サプライズ」の知名度で熊本復興の旗ふり役に

巻誠一郎がはじめて日本代表にえらばれたのは、東アジア選手権。チームにケガ人が続出しての「代役の代役」だった。W杯出場をめざすアジア予選では出番なし。ところが、2006年のドイツW杯でいきなりのメンバー入り。代表発表で最後に名前がよばれた瞬間、集まった記者が「おぉぉ」と思わず声をあげたほどのサプライズ選出で、サッカーファン以外からの知名度も一気にあがった。

2016年4月、熊本地震が発生。故郷、熊本の復興支援のため、「わたしはスポーツからあきらめない心を学びました」と、先頭に立って募金をよびかけた。その声に賛同した古巣、ジェフ千葉のサポーターからは、なんと14トンもの救援物資がとどいた。ファンを大事にしてきた巻だからこそ、その思いにファンがこたえたのだ。

伝説リプレイ

がんばろう熊本

オレもがんばる！

地震からちょうど1年後の試合で勝利した巻。「ぼくらだけじゃなく、熊本県民の勝利」と語った。

ヒーロー伝説延長戦

父はアイスホッケーの元選手で、巻自身も高校時代、アイスホッケー熊本県代表チームの選手として国体に出場した経験をもつ。弟・佑樹もJリーグでプレー。妹の加理奈もハンドボール元日本代表というスポーツ一家だ。

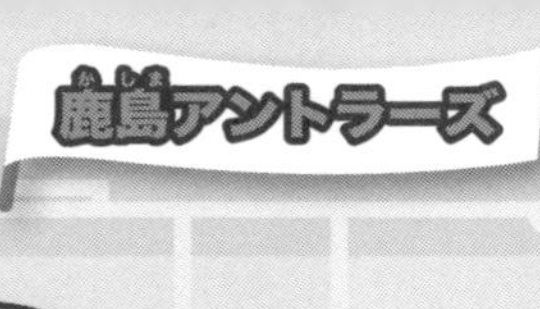

24

“夢”に“生”きる男
金崎 夢生

鹿島アントラーズ
フットサルじこみのテクニシャン

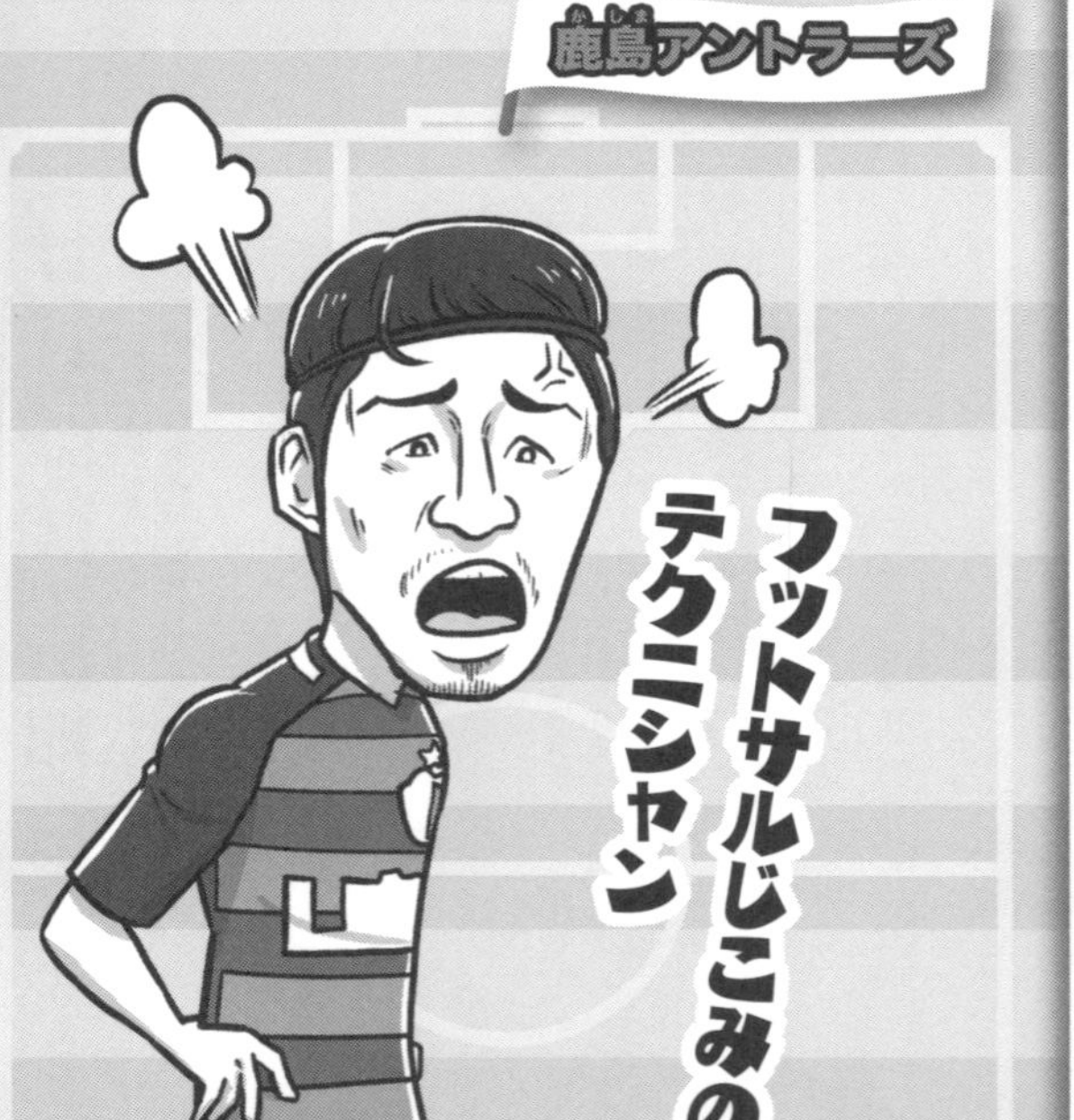

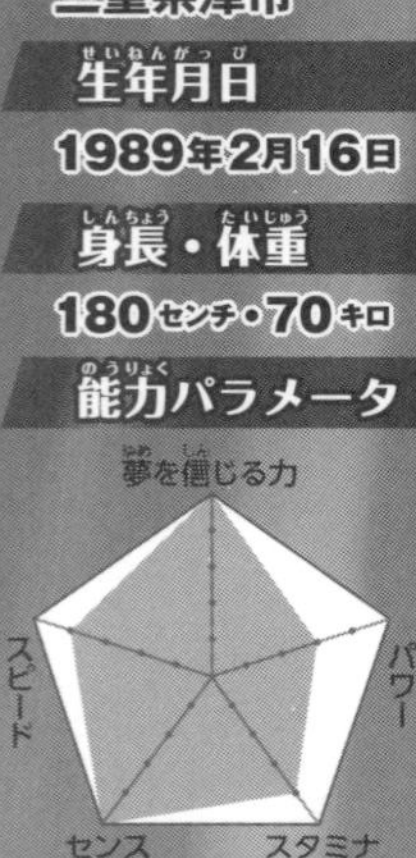

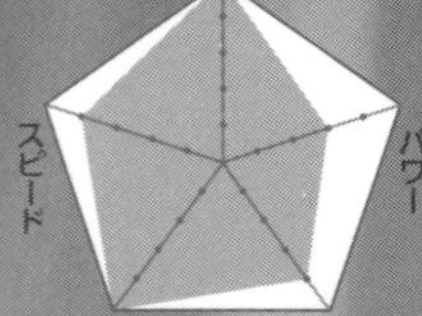

ヒーローの証

- FWでもMFでも、攻撃的なポジションならどこでもこなせるテクニックと決定力
- 大一番でこそ結果を残すハートの強さ

出身地
三重県津市

生年月日
1989年2月16日

身長・体重
180センチ・70キロ

能力パラメータ

夢を信じる力
パワー
スタミナ
センス
スピード

主な所属チームと受賞歴	チーム 滝川第二高校→大分トリニータ→名古屋グランパス→ニュルンベルク（ドイツ）→ポルティモネンセ（ポルトガル）→鹿島アントラーズ　受賞 ベストイレブン（2015年）、Jリーグカップ ニューヒーロー賞（2008年）、チャンピオンシップMVP（2016年）

強烈な自己主張は、もはや〝伝説の存在〟!?

約1万2千年前のはるか昔、太平洋にあったとされる「ムー大陸」。この伝説の大陸にちなんで「夢生」と名づけられた金崎。中学に入るまでフットサル選手だったという、Jリーガーとしては変わった経歴の持ち主だ。だが、おかげで華麗な足もとの技術と独特なリズムのドリブルを身につけ、攻撃的なポジションならどこでもこなせる万能選手になった。

納得できないことがあると、監督や審判へも声をあらげてしまう短気な性格が玉にキズ。ただ、「オレにまかせろ」という強い自己主張は、FWとしては武器にもなる。日本代表には19歳の若さで選出。2016年のJリーグチャンピオンシップでは、チームを優勝にみちびくゴールを何度も決め、大一番での強さも証明した。世界の舞台で伝説の存在になるのも、もうすぐだ。

2016年Jチャンピオンシップ。足首を捻挫しながらチームのために走り、点を決め、MVPを受賞した。

中学入学前にいくつものクラブからさそいを受けた金崎。だが「地元の仲間とプレーしたい」と地元中学のサッカー部に入部。県大会3位へとみちびいた。金崎はいう。「『どこに行くか』じゃなく『行った先で何をするか』だ」と。

日本屈指の「超万能ＦＷ」 柳沢敦

引退

動きだしにすぐれた「オフ・ザ・ボール」の達人

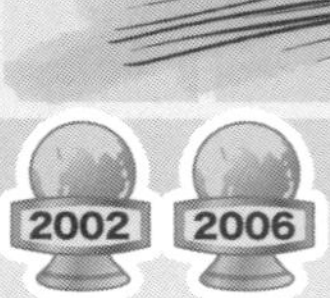

2002 2006

出身地

富山県射水市（旧・射水郡小杉町）

生年月日

1977年5月27日

身長・体重

177センチ・75キロ

能力パラメータ

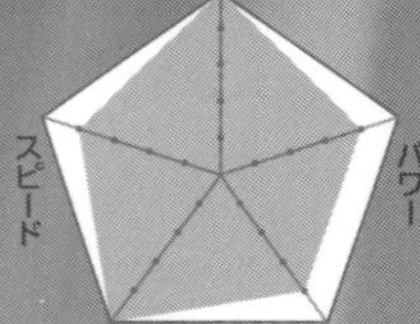

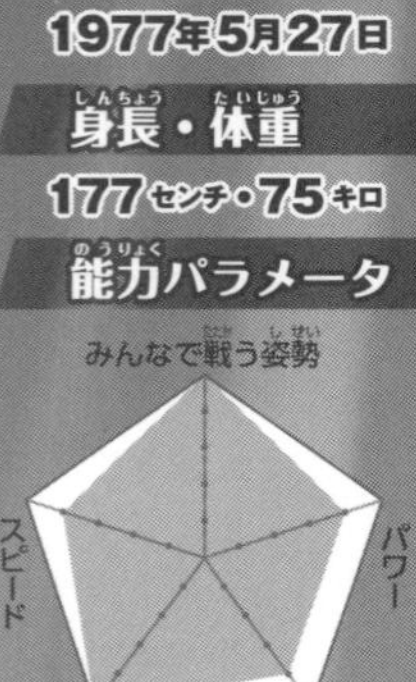

ヒーローの証

- W杯2大会で、5試合スタメン2アシスト
- ＦＷでは歴代最長のＪ１・17年連続ゴール
- 誰からも「一緒にやりたい選手」といわれた男

主な所属チームと受賞歴	**チーム** 富山第一高校→鹿島アントラーズ→サンプドリア（イタリア）→メッシーナ（イタリア）→鹿島アントラーズ→京都サンガF．C．→ベガルタ仙台　**受賞** ベストイレブン（1998年、2001年、2008年）、新人王（1997年）、Jリーグ功労選手賞（2015年）

シュートもパスもすべては「チームのため」

　ボールをもって仕事ができる選手は一流。でも、ボールがないときにも仕事ができる選手は超一流、といわれる。その「ボールがないとき」＝「オフ・ザ・ボール」の能力にすぐれ、「超万能FW」といわれたのが柳沢敦だ。誰よりも動きだしが早く、フリーになる能力が高かった柳沢は、味方から「パスが出しやすい選手」と評価された。その結果が、歴代FW最長の「17年連続J1ゴール」に結びついたのだ。

　また、「オレが決める」という性格が多いFWのなかで、「FWひとりだけじゃゲームはつくれない。やっぱりゴールは味方全員でとるもの」と、積極的にパスをえらぶのも柳沢流。「シュートを打たずにパスばかり」と批判されても、自分のプレースタイルをまげなかった。その頑固なところは、やっぱりFWむきだったのかもしれない。

伝説リプレイ

2001年イタリア代表との試合でスーパーボレーシュートを決めた柳沢。得点能力も抜群だった。

ヒーロー伝説延長戦

高校卒業前にJリーグ13クラブから「ウチにきてくれ」とさそいを受けた柳沢。あえて競争のはげしい鹿島アントラーズに入団し、さらなる成長をとげたことで2年目に新人王を獲得。王者・鹿島に欠かせない存在となった。

26

浅野拓磨

"世界最速"よりも速い男

出身地
三重県菰野町

生年月日
1994年11月10日

身長・体重
171センチ・70キロ

能力パラメータ
一瞬の加速力
パワー
スタミナ
センス
スピード

ヒーローの証

- ボルトより速い30メートル走3秒67のダッシュ
- イングランド・プレミアリーグの世界的名門クラブ、アーセナルからさそいを受けた男

主な所属チームと受賞歴

チーム 四日市中央工業高校→サンフレッチェ広島→アーセナル（イングランド）→シュツットガルト（ドイツ）　**受賞** ベストヤングプレーヤー賞（2015年）

そのダッシュ力は野生の動物なみ!?

人類史上最速、100メートルを9秒58で走るウサイン・ボルト※。だが、日本人で彼よりも速く走る男がいる。「ジャガー」の愛称でよばれる浅野拓磨だ。もちろん、100メートル走ではかなわないが、30メートル走はボルトの3秒78より速い3秒67。そしてサッカーのFWに求められるのは、短い距離でのダッシュ力。浅野は、相手DFをおきざりにする自慢の足で得点を量産するスピードアタッカーだ。

サンフレッチェ広島時代は、試合後半に出場するスーパーサブとして活躍。2015年には途中出場だけで8得点を決め、ベストヤングプレーヤー賞を受賞。翌年にはリオオリンピック日本代表にえらばれ、2得点。いまでは活躍の場を日本代表、そして海外に移している。ジャガーの牙が、世界のサッカー界にかみつくのはこれからだ。

伝説リプレイ

得点を決めたあと、顔の横で両手の爪を立てて口を大きく開ける「ジャガーポーズ」もおなじみだ。

ヒーロー伝説延長戦

小学生のころ、2日間で38得点を決めた伝説をもつ浅野。四日市中央工業では3年連続で全国高校サッカー選手権に出場。2年時には大会全試合でゴールを決め、7得点で得点王。2年生での全試合ゴールは史上初だった。

※ウサイン・ボルト…オリンピック100メートル走で3大会連続金メダルの史上最速男。サッカーもうまい。

引退

27

伝説的身体能力

久保竜彦

うなりをあげる"ドラゴン"シュート

出身地
福岡県朝倉郡筑前町

生年月日
1976年6月18日

身長・体重
181センチ・73キロ

能力パラメータ

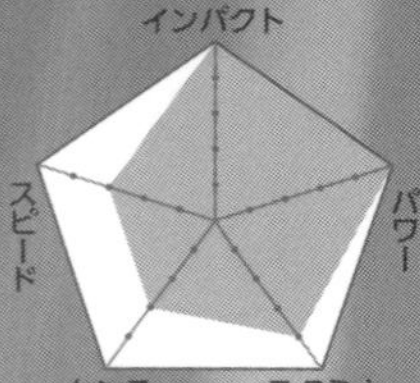

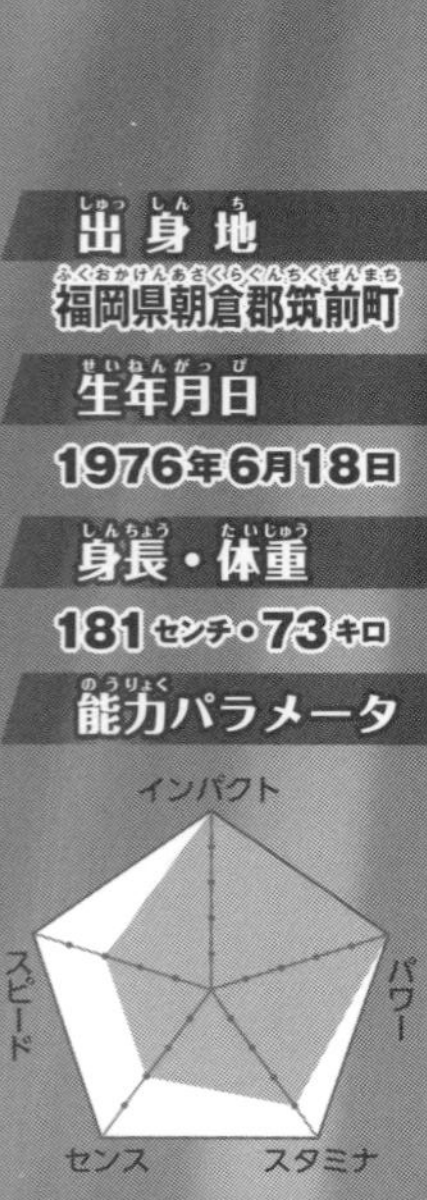

ヒーローの証

- 数多くのスーパーゴールをうみだす日本人ばなれした身体能力
- 「歴代ベストゴール」で日本人最多得票

主な所属チームと受賞歴	**チーム** 筑陽学園高校→サンフレッチェ広島→横浜F・マリノス→横浜FC→サンフレッチェ広島→ツエーゲン金沢→廿日市FC **受賞** ベストイレブン（2003年）

サポーターが語りつぐ最強ストライカーの伝説

史上初の3年連続得点王・大〝久保〟嘉人。日本代表の新エース・〝久保〟裕也。2020年東京オリンピックのエースとして期待されている〝久※保〟建英。日本を代表する点とり屋には、ふしぎと久保と名のつく選手が多い。その元祖であり、最強ともいわれるのが、「ドラゴン」とよばれた久保竜彦だ。

武器は日本人ばなれした身体能力。誰もまねできないような豪快なシュートで人気を集めた。ただ、ケガの影響で日本代表では力を発揮できず、W杯出場経験はゼロ。しかし、サポーターからはつねに「久保がいてくれれば……」と期待をよせられていた。久保が2007年に決めた超ロングシュートは、Jリーグ20周年記念で行われた、サポーターがえらぶ「歴代ベストゴール」で、日本人選手として最多得票。記録よりも記憶に残る男だった。

伝説リプレイ

2007年に決めたスーパーシュートの距離は約40メートル。漫画のような驚きの一発だった。

「伝説の男」ともいわれる久保。その理由は、多くの印象に残るシュートにくわえ、いつも「無口」だったから。めったに取材を受けず、何を考えているかわからないミステリアスな点も「伝説」という言葉がよくにあった。

※久保建英…2001年うまれの若きストライカー。Jリーグ最年少得点記録（15歳10か月11日）をつくり、海外でも評価が高い。

コラム2 レジェンド選手

オリンピック得点王。日本人初のプロ選手。フリーキックの名手。ブラジルうまれの「日本代表 10 番」……。彼らが、日本サッカー史がほこる4人の“レジェンド”だ !!

どこでも点が決められた「史上最高のストライカー」

日本サッカー史にかがやく偉大な功績、1968年のメキシコオリンピック銅メダル。その立役者こそ、7得点で得点王になった「日本史上最高のストライカー」釜本邦茂だ。左右どちらの足でも、頭でも点がうばえる決定力で、代表76試合中75得点。また、Jリーグ誕生以前の「日本サッカーリーグ」では、通算202得点&79アシスト。どれも文句なしの日本歴代1位だ。サッカーがまだ不人気だった時代でも、ひとりだけ別格の人気ぶり。その知名度をいかしてサッカー観戦にきてもらおうと、釜本の「裸ポスター」がつくられたほどだった。

ドイツ人も舌をまいた「東洋のコンピューター」

日本人選手が海外でプレーするのが遠い夢だった１９７０～８０年代。日本人ではじめてドイツ・ブンデスリーガでプロ選手となったのが奥寺康彦だ。しかも、優勝を決めるゴールをうばうなど、３つのクラブで計9年間、レギュラー選手として活躍。正確で安定したプレースタイルから「東洋のコンピューター」とよばれた。ブンデスリーガ通算26得点は２０１４年に岡崎慎司にぬかれるまで日本人歴代1位。通算２３４試合出場も、長谷部誠にぬかれるまで歴代1位だった。１９８６年に日本復帰。日本国内での「初のプロ契約選手」となった。

「伝説のＦＫ」を決めた「国産プロ第1号選手」

奥寺が日本にもどってきたとき、同時にプロ契約を結んだ「国産プロ第1号選手」が、日産自動車（のちの横浜Ｆ・マリノス）で活躍していた木村和司だ。司令塔としてチームをまとめ、リーグ戦・カップ戦・天皇杯すべてで優勝する「三冠」を日本ではじめて達成。ＦＫの名手で、１９８５年、メキシコＷ杯出場をかけた韓国戦で約40メートルの超ロングＦＫに成功。試合にはやぶれたが、「伝説のＦＫ」として語りつがれている。１９９３年の「Ｊリーグ開幕戦」にはマリノスの10番で出場。「初代ミスターマリノス」とよばれた。

得点もアシストも量産した“ブラジルからの使者”

ブラジルでうまれ、1977年、20歳で来日。当時、日産とともに“二強”といわれた読売サッカークラブ（のちの東京ヴェルディ）で活躍したのがラモス瑠偉だ。1979年には、釜本以来となる得点王とアシスト王のW受賞。1989年に日本国籍をとると、すぐに日本代表に選出され、「代表10番」として活躍。おしくもW杯出場はかなわなかったが、代表のレベルアップに大きく貢献した。1993年の「Jリーグ開幕戦」ではヴェルディの10番として出場。Jリーグ初代王者になるクラブの司令塔としてベストイレブンも受賞した。

第二章 ～ピッチを支配する魔術師たち～

ミッドフィルダー編

キラーパスにドリブル突破、
変幻自在のテクニックでチャンスを演出。
ピッチのまんなかで試合をコントロール
するのは、いつでもこの男たちだ！

本田圭佑

大一番でこそ結果を出す『もってる男』

自分を信じつづける「悪魔の左足」

出身地

大阪府摂津市

生年月日

1986年6月13日

身長・体重

182センチ・74キロ

能力パラメータ

2010　2014

ヒーローの証

- 南アフリカW杯4試合中、3試合で「マン・オブ・ザ・マッチ」にえらばれる
- 左足からくりだす決定的なパスとゴール

主な所属チームと受賞歴	**チーム** 星稜高校→名古屋グランパス→VVVフェンロ（オランダ）→CSKAモスクワ（ロシア）→ACミラン（イタリア） **受賞** フットボーラー・オブ・ザ・イヤー（2010年）、アジア杯MVP（2011年）

小学校時代の夢をかなえた史上最強のビッグマウス※

小学校の卒業作文で、彼はこう宣言した。「Wカップで有名になって、ぼくは外国から呼ばれてヨーロッパのセリエAに入団します。そして、レギュラーになって10番で活躍します」。この作文を書いた本田圭佑は宣言どおり2010年南アフリカW杯で活躍して有名になり、2013年、イタリアセリエAのACミランと背番号10で契約。小学生のときの夢を現実にした。

もちろん、ここにくるまでには苦難の連続。希望していたガンバ大阪のユースチームには合格できず、高校サッカーの道へ。プロになっても「足がおそい」「右足が下手」と批判されつづけた。だが、「ビッグマウス」と笑われても自分を信じ、「悪魔の左足」と恐れられる武器をみがいて、高みにのぼりつめたのだ。そんな男の次なる野望は「日本のW杯優勝」。もちろん、本気だ。

伝説リプレイ

W杯3得点は日本人最多。ハリルホジッチ監督の代表チームでもっとも点を決めているのもこの男！

ヒーロー伝説延長戦

本田の代名詞といえば「悪魔の左足」と恐れられる強烈なキック。ボールがどう変化するかわからない"無回転キック"を武器に、代表でもヨーロッパでも得点を量産。点を決めつづけることでエースとしての信頼を勝ちとったのだ。

※ビッグマウス…大口をたたくこと。大げさに言うこと。「ほら吹き」の意味で使われることも。

29

小野伸二

日本サッカー界がほこる天才

北海道コンサドーレ札幌

圧倒的な技術とセンスでボールと〝会話〟する

1998 2002 2006

出身地

静岡県沼津市

生年月日

1979年9月27日

身長・体重

175センチ・76キロ

能力パラメータ

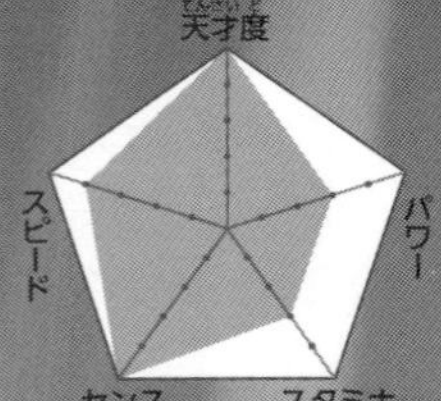

ヒーローの証

- 18歳でW杯デビュー。同じ年に新人王とベストイレブンを同時受賞
- オランダの名門フェイエノールトでレギュラー

主な所属チームと受賞歴 **チーム** 清水商業高校→浦和レッズ→フェイエノールト（オランダ）→ボーフム（ドイツ）→清水エスパルス→ウェスタン・シドニー・ワンダラーズ（オーストラリア）→北海道コンサドーレ札幌 **受賞** ベストイレブン、新人王（1998年）、ＦＩＦＡワールドユース選手権ベストイレブン（1999年）、アジア年間最優秀選手賞（2002年）

サッカー界が見つけた「埋もれかけた天才」

１９９９年ワールドユースで準優勝。オリンピックやW杯でも結果を残した１９７９年度うまれの選手たち。「黄金世代」とよばれた彼らのなかでも、「天才」といわれたのが、日本では史上最年少の18歳でW杯に出場した小野伸二だ。

「ボールと会話できる」と絶賛されるボールコントロールの技術をもちながら、注目されたのは小学3年生のときと、意外におそい。その理由は、10人兄弟の大家族をひとりで支える母親のため、家計の負担をふやしたくない、とチームに入るのを遠慮していたから。

そのため、ずっと壁を相手にひとりでボールを蹴っていた伸二少年。たまたま、それを目撃したサッカー少年団の監督が「この才能を埋もれさせてはいけない」「お金はいらないから、ぜひウチに入ってくれ」とチームに勧誘。ここから、世界への扉が開かれたのだ。

伝説リプレイ

スカウト後、静岡ではすぐに有名になった伸二少年。13歳からは各年代代表でいつも中心選手だ。

ヒーロー伝説延長戦

ずっと壁パスをくりかえし、どこでどう蹴ればどんなキックになるかを熟知していた小野。左右どちらで蹴っても正確で、受け手にやさしくやわらかいパスは、「エンジェルパス」や「ベルベット（絹のような）パス」とよばれた。

北海道コンサドーレ札幌

30

稲本潤一

世界に飛びでたワンダーボーイ

ドドンッ

"日本初"づくしのお祭り男!

ヒーローの証

- 日本にW杯初勝ち点、初勝利をもたらす
- 日本人初のプレミアリーガー
- ヨーロッパで10年、日本代表で11年活躍

出身地

大阪府堺市

生年月日

1979年9月18日

身長・体重

181センチ・77キロ

能力パラメータ

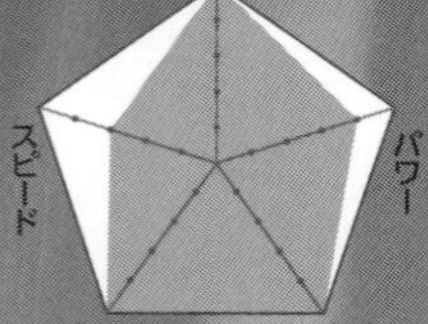

主な所属チームと受賞歴
チーム ガンバ大阪ユース→ガンバ大阪→アーセナル（イングランド）→フラム（イングランド）→WBA（イングランド）→ガラタサライ（トルコ）→フランクフルト（ドイツ）→スタッド・レンヌ（フランス）→川崎フロンターレ→北海道コンサドーレ札幌 **受賞** ベストイレブン（2000年）

「浪速のプリンス」から「W杯の申し子」へ

サッカーの母国、イングランドのプレミアリーグは、高い人気とプレーレベルで、世界有数のリーグとして知られている。そこではじめてプレーした日本人が稲本潤一だ。17歳にしてガンバ大阪でデビューし、「浪速のプリンス」とよばれた稲本は、2001年、21歳でイングランドの名門、アーセナルに移籍。ここでは出場機会にめぐまれなかったが、同じプレミアのフラムに移籍すると、日本人初のプレミア出場とゴールを記録。カップ戦ではヨーロッパで日本人初のハットトリックも達成した。

そんな稲本がさらにかがやいた場所こそW杯の大舞台。2002年の日韓大会では2得点の活躍で、日本のW杯初の勝ち点や初勝利、初の決勝トーナメント進出に貢献した。「W杯の申し子」「日本のワンダーボーイ※」とよばれ、一気に国民的ヒーローになったのだ。

伝説リプレイ

日本代表では82試合出場で5得点。そのうち、W杯で2得点。W杯になると稲本の血がさわぐ!?

ヒーロー伝説延長戦
日本がW杯で勝ったのは2002年日韓大会のロシア戦、チュニジア戦と、2010年南アフリカ大会のカメルーン戦、デンマーク戦の4試合。この4試合すべてに出場したのは稲本だけ。日本が勝つとき、そこには稲本がいた。

※ワンダーボーイ…驚くべき少年。10代から活躍する選手に使われる。

31

史上最高の〝まじめキャプテン〟

長谷部誠

フランクフルト
「長谷部」と書いて「まじめ」と読む!
20
2010
2014

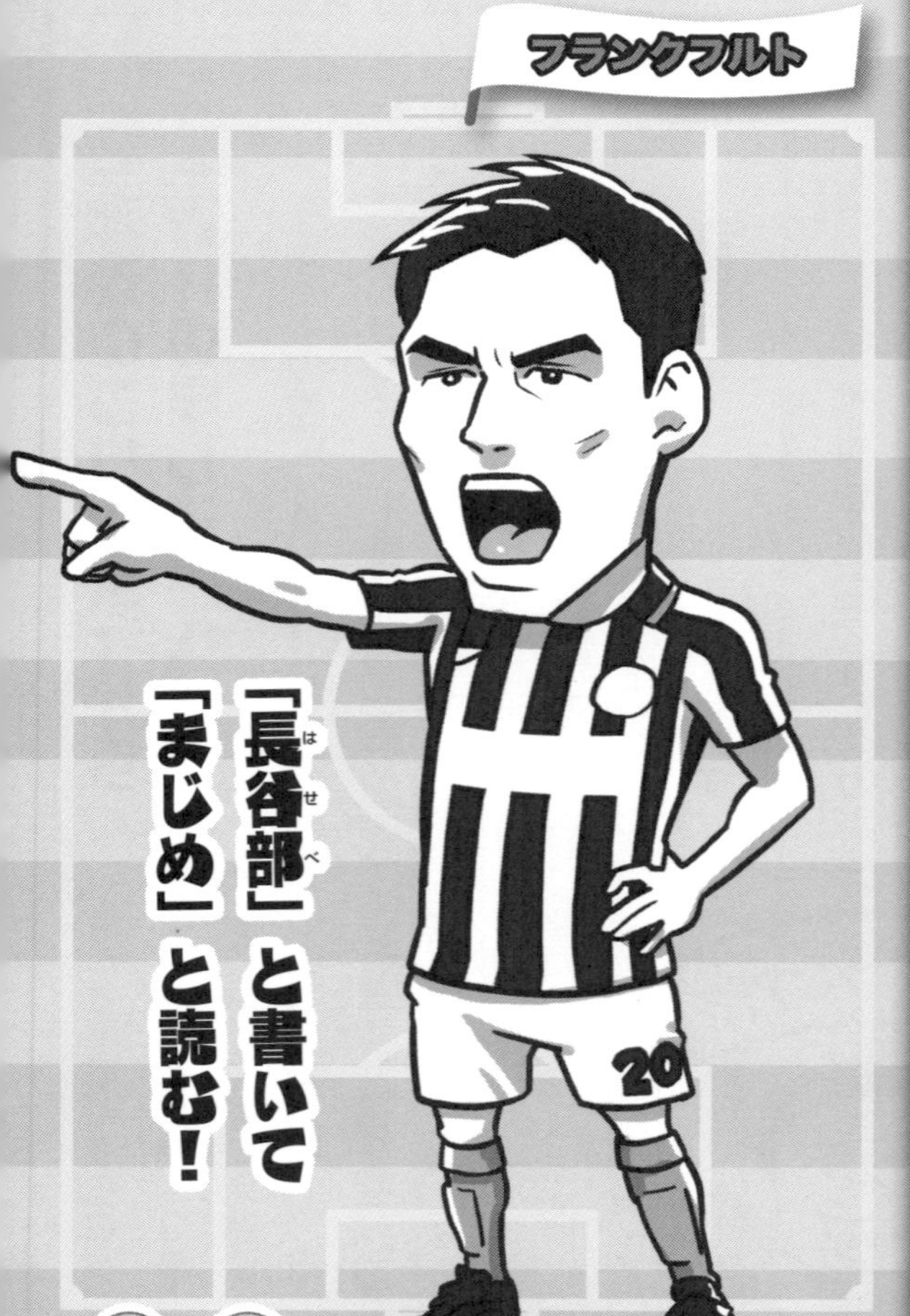

出身地

静岡県藤枝市

生年月日

1984年1月18日

身長・体重

180センチ・72キロ

能力パラメータ

責任感
パワー
スタミナ
センス
スピード

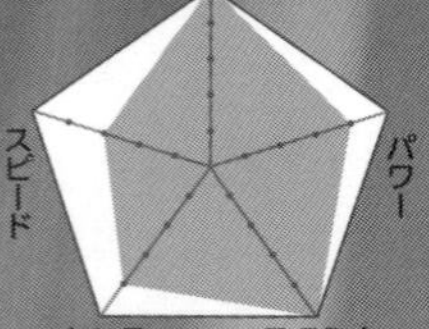

ヒーローの証

- ４人の代表監督がキャプテンに指名するほどの、うまれながらのキャプテンシー
- ブンデスリーガ日本人最多出場記録保持者

主な所属チームと受賞歴

チーム 藤枝東高校→浦和レッズ→ヴォルフスブルク（ドイツ）→ニュルンベルク（ドイツ）→フランクフルト（ドイツ） **受賞** ベストイレブン（2004年）、Jリーグカップ ニューヒーロー賞（2004年）

おじいちゃん子がおくる天へのメッセージ

歴代日本代表のなかで、ふたつのW杯でキャプテンをつとめたのは、長谷部誠がはじめて。「天性のキャプテン」とよばれるほど責任感が強く、チーム最優先の行動をとれる〝誠実さ〟ゆえだ。そんな男に育てたのは祖父の松太郎さん。〝誠〟と名づけたのも祖父。サッカーをはじめたのも祖父の影響。まわりの誰もがプロをめざすことに反対するなか、「男なら挑戦するべきだ」と、背中をおしたのが松太郎さんだった。

プロ1年目。ほとんど出場できなかった長谷部が年末に実家に帰ると、そこには病気で寝こむ松太郎さんの姿が。その1か月後に亡くなった祖父にとどくようにと、目の色を変えてプレーするようになった2年目にプロ初ゴール。それ以来、ゴールを決めると長谷部は天を指さす。「じいちゃん、見てくれたかい」という思いとともに。

伝説リプレイ

じいちゃんにはずかしくないオレでいたい

代表キャプテンになったのは南アフリカW杯直前。みごとにチームをまとめ、ベスト16にみちびいた。

ヒーロー伝説延長戦

スポーツ選手の本で初のミリオンセラーとなったのが長谷部の書いた『心を整える。』だ。つねに最善のプレーのために心の準備をしているから、移籍したブンデスリーガでGKが負傷したときも、落ちついて代役GKをつとめられた。

※ミリオンセラー＝「ミリオン」は「100万」。本で100万部をこえるのは1年に1冊あるかないかというくらい、たいへんな偉業だ。

32

中村憲剛

Jリーグ史上最年長MVP

日本サッカー遅咲きの星

ジャスティスト！

- 史上最年長36歳でJリーグMVP
- Jリーグ屈指の判断力&プレースピード
- 2012年アシスト王。2014～2016年もトップ3

2010

出身地
東京都小平市

生年月日
1980年10月31日

身長・体重
175センチ・66キロ

能力パラメータ

主な所属チームと受賞歴	**チーム** 中央大学→川崎フロンターレ　**受賞** MVP（2016年）、ベストイレブン（2006年～2010年、2016年）

背が小さくても補欠でも日本代表になれるんです

高校でも大学でも最初は補欠。年代別の代表経験はゼロ。それでも29歳にしてW杯初出場。日本サッカーがほこる「遅咲きの星」、それが中村憲剛だ。

小学6年生で身長136センチ。高校生になっても154センチ。体も細く、試合ではいつもふきとばされていた憲剛。いまも175センチと決して大きくはない。それでも、あきらめない気もちと人一倍熱心な練習で、テスト生から川崎フロンターレに入団。ついに日本を代表する選手へとのぼりつめた。

コツコツとつみかさねた努力の証が、右足にできた骨のように硬いコブ。いつも同じ場所でボールを蹴りつづけたからこそできたコブが、チームを救うパスとゴールをうみだすのだ。2016年には史上最年長36歳でJリーグのMVPを獲得。遅咲きの星・憲剛が光りかがやくのは、これからだ。

伝説リプレイ

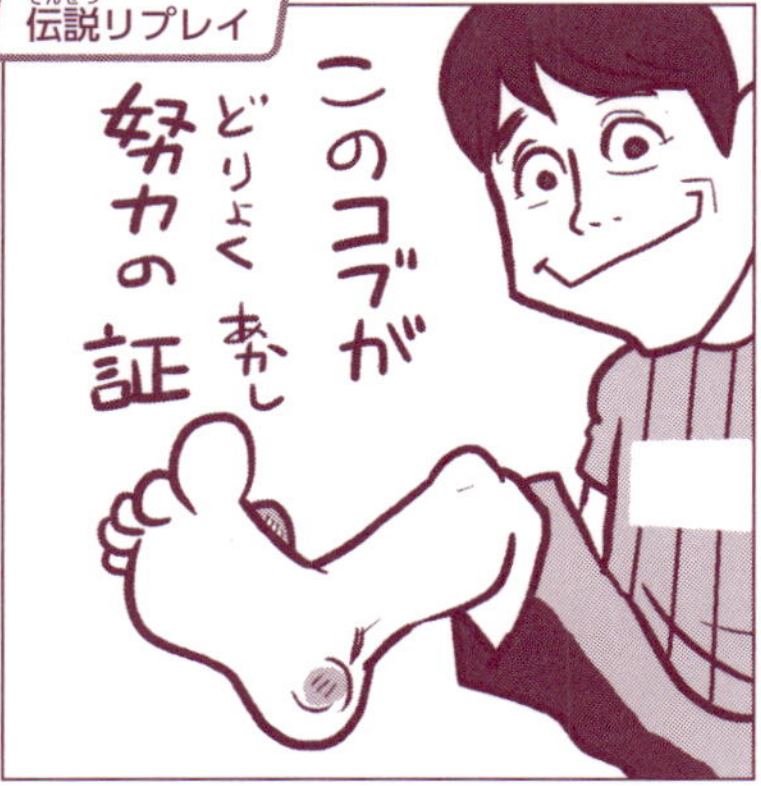

このコブが努力の証

コブがあるのは足の「甲」と「くるぶしの下」の2か所。キックの種類によってコブを使いわけている。

ヒーロー伝説延長戦

お笑い好きで、2017年のゴールパフォーマンス「ジャスティス！」もお笑い芸人に影響を受けたもの。高校サッカー部の大先輩にはお笑いレジェンドの志村けん、大学サッカー部の先輩には芸人・パンサー尾形がいる。

33

元祖にして不動の「ボランチ」

山口素弘

引退

W杯初出場チームの命運をにぎった操縦者

1998

出身地

群馬県高崎市

生年月日

1969年1月29日

身長・体重

177センチ・72キロ

能力パラメータ

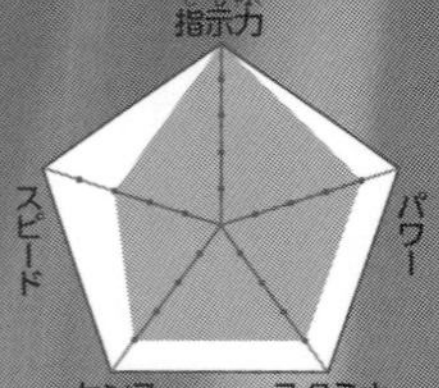

ヒーローの証

- 日本が初出場した1998年W杯のボランチ
- 伝説のクラブ「横浜フリューゲルス」を、キャプテンとして天皇杯優勝にみちびく主な所属チームと受賞歴　チーム　東海大学→全日空サッカークラブ／横浜フリューゲルス→名古屋グランパス→アルビレックス新潟→横浜ＦＣ　受賞　ベストイレブン（1996年、1997年）、Ｊリーグ功労賞選手賞（2008年）

消えゆくチームがはたした「奇跡の優勝」の立役者

サッカー中継でよく耳にする言葉、「ボランチ」。ポルトガル語で「ハンドル」という意味で、攻守の要としてチームをあやつる選手をこうよぶ。日本代表の歴史で、この「ボランチ」という言葉を定着させたのが山口素弘だ。1998年フランスW杯に初出場できたのは、ボランチ・山口の攻守におけるバランス感覚のおかげでもあった。

横浜フリューゲルスでもボランチとして活躍した山口。だが、W杯からもどった年の秋、フリューゲルスは経営不振を理由に横浜マリノスに吸収合併されることが決まってしまう。最後の公式戦は、負ければ終わりの天皇杯。だが、この状況で選手たちは意地を見せ、合併発表後に9連勝。奇跡の優勝をなしとげたのだ。優勝カップを掲げたのは、ボランチとして、キャプテンとしてチームの中心にいた山口だった。

フリューゲルスサポーターの力で誕生したのが横浜ＦＣ。山口はその横浜でのちに監督をつとめた。

ヒーロー伝説延長戦

ボランチというと守備的な働きが注目されがちだが、山口は攻撃でも活躍。Ｊリーグではハットトリックも達成。1997年W杯アジア最終予選の韓国戦で決めたループシュートは、「日本代表伝説のゴール」とよばれている。

第二章 ミッドフィルダー編

コラム3 オリンピック激闘の歴史

日本代表が強くなるための合言葉。それは「オリンピック経由W杯行き」。勝っても負けても、オリンピックという舞台で戦う経験が選手をたくましく成長させるのだ。

メキシコ銅から冬の時代、そして「マイアミの奇跡」へ

日本サッカー史で、偉大な功績と語りつがれるのが、スーパーストライカー釜本邦茂の大会得点王の活躍が光った1968年メキシコオリンピックでの銅メダルだ。

だが、この大会以降、日本サッカーは「冬の時代」とよばれる時期に入り、オリンピック出場そのものができなかった。その殻をやぶったのが1996年のアトランタオリンピック代表だ。1993年に誕生したJリーグでもまれた前園真聖、中田英寿、川口能活といった選手たちがアジアの壁を突破。さらに、オリンピック本番では、優勝候補のブラジル代表を撃破。試合会場にちなんで「マイアミの奇跡」とよばれ、世界中のサッカーファンを驚かせた。

オリンピックが終わっても勝負はさらに続く

アトランタオリンピック以降は、「オリンピック経由W杯行き」がひとつの合言葉になった。2000年シドニーオリンピックではベスト8進出の好成績。柳沢敦、稲本潤一、中田浩二ら多くの選手が、2年後の日韓W杯でも主力選手として活躍した。

2004年アテネオリンピック、2008年北京オリンピックは、ともにグループリーグで敗退。だが、アテネ世代からは、のちに田中マルクス闘莉王、大久保嘉人、松井大輔、今野泰幸らが代表常連に成長。北京世代からは、長友佑都、本田圭佑、香川真司ら、世界で活躍する選手が登場。このアテネ・北京世代は、のちに2010年、2014年W杯の中心選手となった。

大会前の評判は決して高くなかったのに好成績を残したのが2012年のロンドンオリンピック代表だ。北京大会でも代表だった吉田麻也がオーバーエイジ枠で出場し、キャプテンに就任。酒井宏樹、酒井高徳、清武弘嗣ら若手メンバーの力をうまくひきだし、ベスト4進出をはたしたのだ。

2016年のリオオリンピックはまたしてもグループリーグ敗退。だが、次の代表の主役たちは、きっとロンドンとリオ世代から出てくるはず。オリンピックが終わっても、本当の勝負はここからなのだ。

香川真司

日本のエースナンバーを背負う男

ドルトムント

世界に切りこむ「小さな魔法使い」

2014

出身地
兵庫県神戸市

生年月日
1989年3月17日

身長・体重
175センチ・68キロ

能力パラメータ

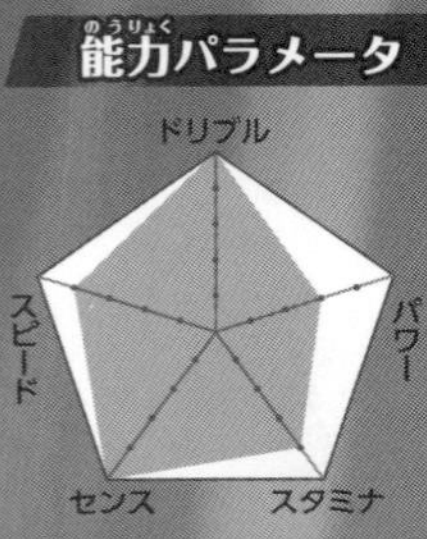

ドリブル
パワー
スタミナ
センス
スピード

ヒーローの証

- ドイツの名門、ドルトムントで活躍。マンチェスター・ユナイテッド時代にはハットトリックも
- 世界レベルの俊敏性と細かなボールタッチ

主な所属チームと受賞歴	**チーム** FCみやぎバルセロナユース→セレッソ大阪→ドルトムント（ドイツ）→マンチェスター・ユナイテッド（イングランド）→ドルトムント（ドイツ） **受賞** アジア年間国際最優秀選手賞（2012年）、ブンデスリーガベストイレブン（2015-2016年）、UEFAチャンピオンズリーグベストイレブン（2016年）

街クラブから世界へ羽ばたいた異色のエース

日本の「エースナンバー10」を背負う香川真司。繊細なボールタッチと切れ味するどいドリブルで、せまいスペースでこそ力を発揮。「小さな魔法使い」として海外でも恐れられている。

その技術をみがいたのが、中学入学から高校2年まで続いた〝街クラブ〟FCみやぎバルセロナ（宮城県仙台市）へのサッカー留学。多くのプロ選手が高校サッカーやJクラブのユースチーム出身なのに対し、香川はそのどちらでもない異色の経歴。ユースチームでは組織的なプレーを重視しがちだが、FCみやぎバルセロナは徹底した個人主義。ときに「パス禁止令」が出されるなかで、個人で勝負できる技術を地道に身につけていった。クラブの寮から学校までの往復30キロは、自転車通学。〝魔法使いの秘密の足腰〟も、地道な努力できたえられたのだ。

伝説リプレイ

ドイツの新聞では、魔法の呪文「アブラカタブラ」をもじって「アブラ〝カガワ〟」と表現されたことも。

ヒーロー伝説延長戦

神戸出身の香川は5歳のとき阪神・淡路大震災を経験。そのとき、激励にきてくれたのがカズこと三浦知良。サイン入りバッグをもらい、カズにあこがれを抱いた。のちにプロとして再会し、いまではオフに食事会を開く関係だ。

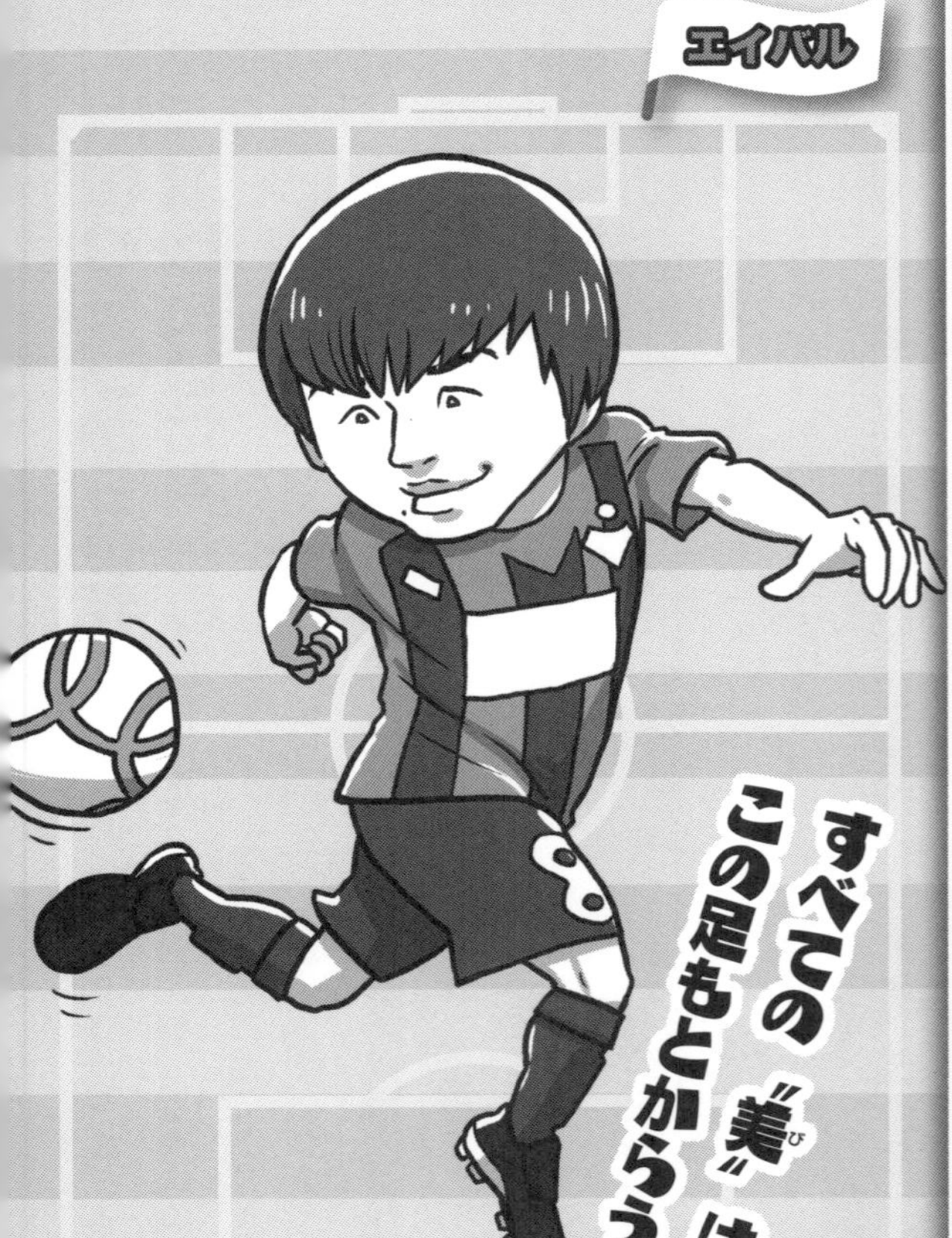

エイバル

乾貴士

セクシー・フットボールの申し子

すべての"美"はこの足もとからうまれる！

出身地

滋賀県近江八幡市

生年月日

1988年6月2日

身長・体重

169センチ・59キロ

能力パラメータ

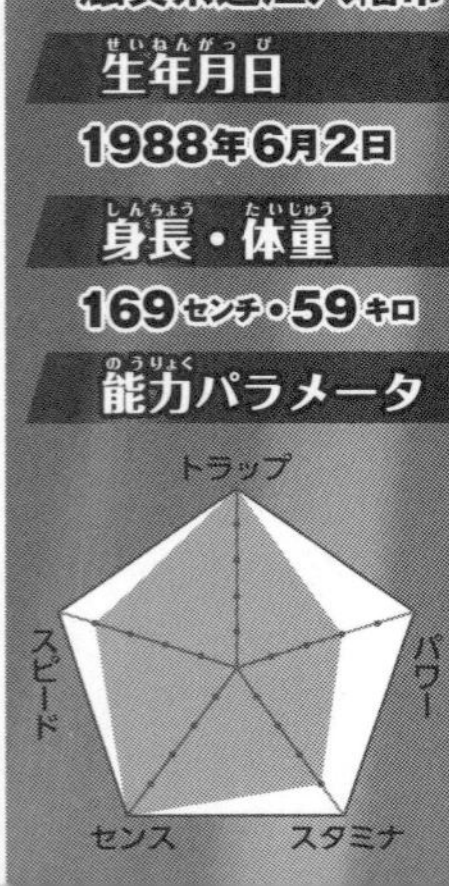

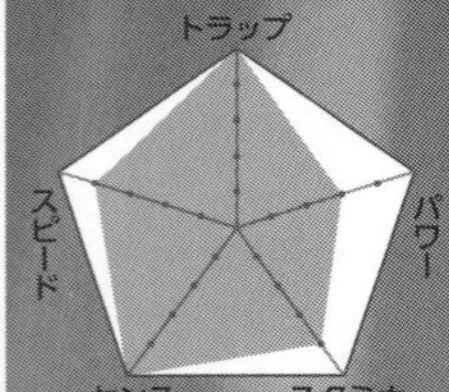

ヒーローの証

- 「高校サッカー史上もっとも美しいゴール」を演出
- ドイツ、スペインでもレギュラークラスで活躍
- リーガ・エスパニョーラ日本人最多出場記録

主な所属チームと受賞歴	チーム 野洲高校→横浜F・マリノス→セレッソ大阪→ボーフム（ドイツ）→フランクフルト（ドイツ）→エイバル（スペイン）

ドイツやスペインも驚く世界レベルの「神トラップ」

高校生ばなれした華麗なパス回しで「セクシー・フットボール」とよばれ有名になったのが、2005年の高校サッカー選手権王者・滋賀県立野洲高校。そのチームで、2年生エースだったのが乾貴士だ。決勝戦で乾を中心にうばった決勝点は「高校サッカー史上もっとも美しいゴール」とたたえられた。

高校卒業後はJリーグをへて、ドイツのブンデスリーガやスペインのリーガ・エスパニョーラで活躍。2017年にはリーガ・エスパニョーラでの日本人最多出場記録を更新した。海外でも通用する一番の理由は正確な足もとの技術。とくにトラップは一級品で、空中にあるボールを足の甲でピタッととめる技術は、「神トラップ」として海外選手からも評価が高い。また、足もとの技術をいかし、足に吸いつくようなドリブル突破も乾の代名詞だ。

伝説リプレイ

正確なトラップはシュートへの第一歩。2017年には名門バルセロナから2ゴールをうばってみせた。

ヒーロー伝説延長戦

過去に何人もの日本人選手が挑戦し、目立った活躍を残せていないリーガ・エスパニョーラ。だが、乾は2年連続で出場機会を確保。その活躍が認められ、日本で開催されたスペイン国王晩餐会に「友好の橋渡し役」で招待された。

サンフレッチェ広島

36

青山敏弘

広島の弾丸ミドルシューター

攻守に走るサンフレッチェの「エンジン」

2014

出身地
岡山県倉敷市

生年月日
1986年2月22日

身長・体重
174センチ・75キロ

能力パラメータ

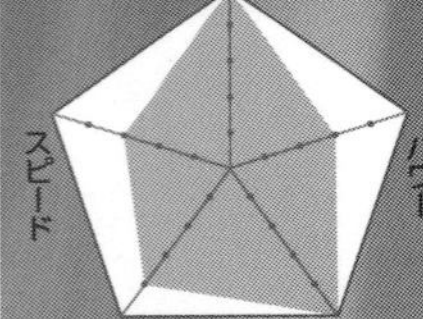

ヒーローの証

- 豊富な運動量と危機察知能力、献身的な守備でピンチの芽をつむ、Jリーグ屈指のボランチ
- ファンへのサービス精神にあふれた「神対応」

主な所属チームと受賞歴	**チーム** 作陽高校→サンフレッチェ広島　**受賞** MVP（2015年）、ベストイレブン（2012年、2013年、2015年）、JリーグチャンピオンシップMVP（2015年）

のちのリーグMVPをうんだ「幻のゴール」

日本サッカー史に残る「幻のゴール」がある。２００２年の高校選手権岡山県大会決勝、作陽対水島工業戦。延長前半、次のゴールが決まればＶゴール※で優勝決定という場面だ。作陽の２年生エース、青山敏弘のミドルシュートがゴールにつきささった……のだが、速すぎるあまり、ゴール奥のポールに当たってボールがゴールから飛びだしたのだ。主審がそれを見のがしてしまい、そのままプレーは続行。試合はＰＫ戦のすえ、作陽がやぶれてしまった。

この判定は日本サッカー協会が「誤審」と認め、大きなさわぎとなったが、結果的に、青山敏弘の名が全国に知れわたることにもなった。Ｊリーグのスカウトからも注目されるようになり、サンフレッチェ広島に入団。ミドルシュートが得意なボランチとして、リーグＭＶＰを受賞するまでに成長した。

伝説リプレイ

この「因縁の決勝戦」を戦ったメンバーは10年後に再戦。結果は１対１。青山も笑顔でプレーした。

ヒーロー伝説延長戦

ミドルシュートが得意で、プロ初ゴールも、代表初ゴールもミドルシュート。高校３年生のときには、自分自身で「マジですごかった」と振りかえる、センターサークル付近から決めた距離60メートル以上のスーパーゴールも。

※ Ｖゴール…延長戦で、どちらかが得点した時点で試合を終了する方法。国際的には「ゴールデンゴール」とよぶ。

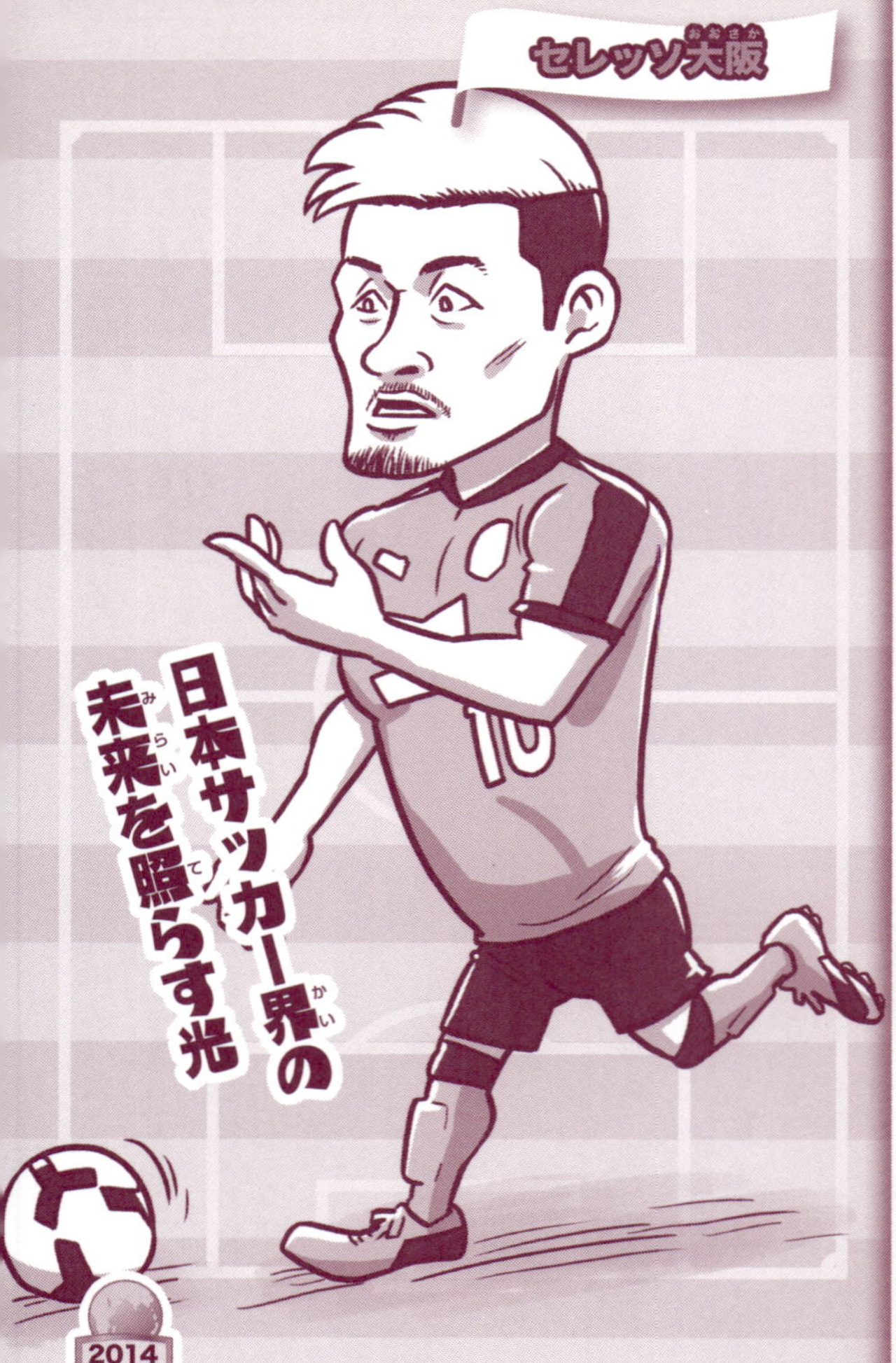

セレッソ大阪
日本サッカー界の未来を照らす光
2014

37

山口 蛍

攻守にたよれる日本のダイナモ※

出身地

三重県名張市

生年月日

1990年10月6日

身長・体重

173センチ・72キロ

能力パラメータ

攻守にわたる運動量
スピード
パワー
センス
スタミナ

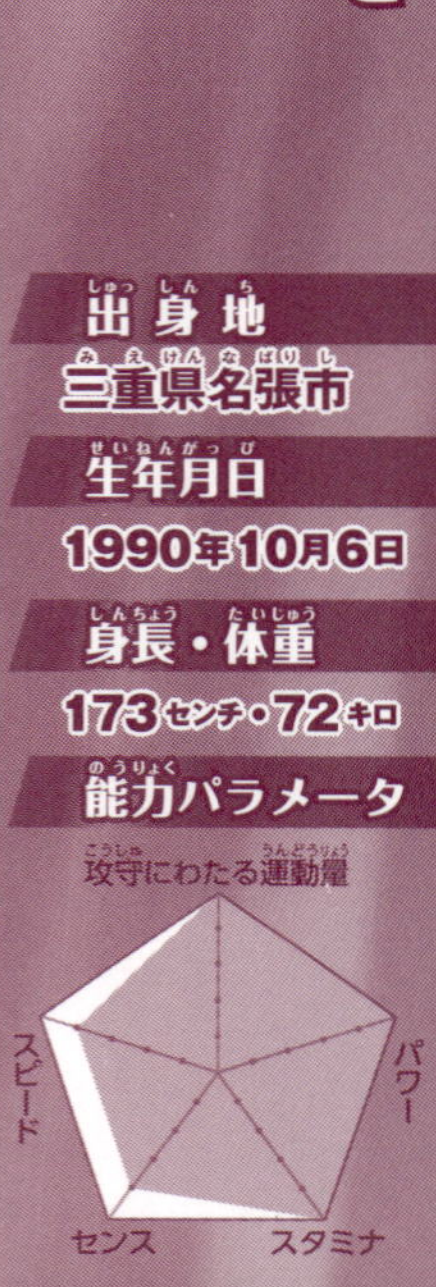

ヒーローの証

- ピンチにもチャンスにも顔を出す豊富な運動量
- 相手の攻撃の芽をつむボール奪取能力
- 体の強さをいかしたマークが自慢の守備職人

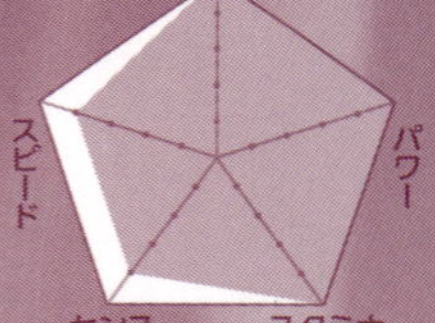

主な所属チームと受賞歴	
チーム	セレッソ大阪ユース→セレッソ大阪→ハノーファー（ドイツ）→セレッソ大阪
受賞	ベストイレブン（2013年）

「蛍の光」は父のおかげで輝ける

「どんな暗闇でも明るい光を放ちつづけられるように」と名づけられた山口蛍。中学時代は実家のある三重県名張市から片道2時間をかけて、セレッソ大阪の練習場にかよった苦労人だ。

そんな蛍と2つ上の兄を男手ひとつで育てた父は、さらなる苦労人。少しでも息子たちと一緒にいられるようにとサラリーマンをやめ、朝は新聞配達、夜はおそくまで飲食店で働きながら、昼間は息子たちが所属する地元のサッカークラブでコーチをつとめた。どんなに忙しくても毎日の弁当をつくり、どんなに家計が苦しくても、練習場にかよう電車代やスパイク代などサッカーのためのお金は何でも出してくれた。

父のたくましさが手本になったのか、蛍はたくましい守備が魅力のボランチに成長。クラブでも代表でも、苦しいときにこそ光るプレーを発揮している。

伝説リプレイ

蛍が中学2年生になるまで、4年以上続いた父のアルバイト生活。プロ入り後、蛍は恩返しに車をプレゼントした。

ヒーロー伝説延長戦

ロシアW杯最終予選3試合目のイラク戦。初戦に負け、もうあとがない日本だったが試合は1対1。このまま引きわけたらW杯出場はきびしい、という状況の試合終了間際、蛍が劇的な決勝ボレー。攻撃でも日本を救った。

※ダイナモ…英語で「発電機」のこと。「元気な人」という意味でも使われることから、疲れ知らずで運動量豊富な選手をこうよぶ。

ブラジルうまれの日本代表

三都主アレサンドロ

DFからFWまでこなす「左サイドのスペシャリスト」

2002 2006

出身地
ブラジル・パラナ

生年月日
1977年7月20日

身長・体重
178センチ・69キロ

能力パラメータ

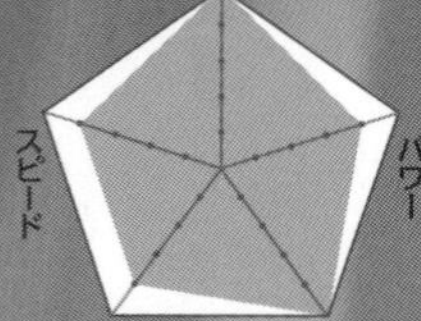

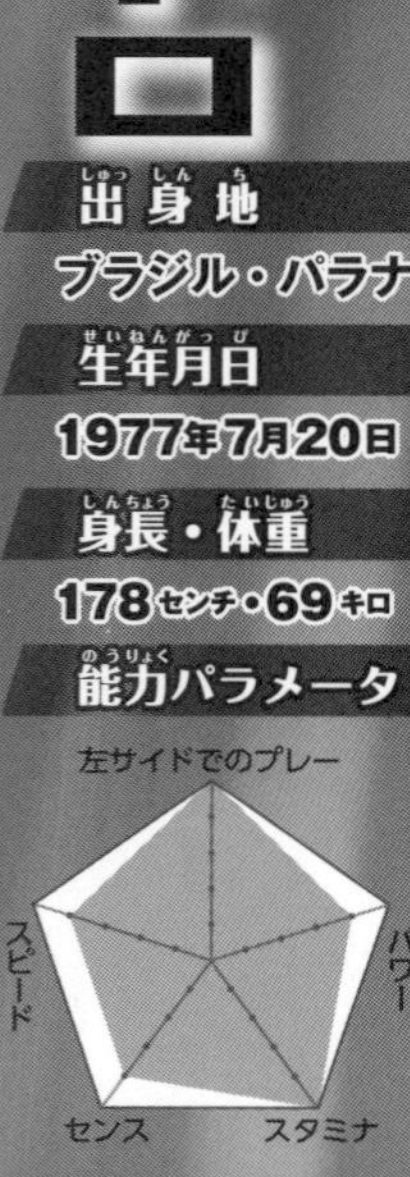

ヒーローの証

- 史上最年少22歳でJリーグMVP
- 日本代表82試合出場は、日本国籍を取得した外国出身選手のなかでは歴代1位

主な所属チームと受賞歴	
チーム	明徳義塾高校→清水エスパルス→浦和レッズ→ザルツブルク（オーストリア）→名古屋グランパス→栃木ＳＣ→ＦＣ岐阜→グレミオ・マリンガ（ブラジル）→ＰＳＴＣ（ブラジル）
受賞	ＭＶＰ、ベストイレブン（1999年）

３つの土地できたえられ日本の救世〝主〟に

サッカー大国・ブラジル出身で、16歳のときに留学生として来日。やがて日本国籍を取得し、日本サッカーに欠かせない存在となったのが、「アレックス」こと三都主アレサンドロだ。

名前の〝三都〟とは、「ブラジル・高知・清水」のこと。ブラジル出身のアレックスが高知県の高校に入学。「プロになる」という強い決意で言葉や文化の壁を乗りこえ、清水エスパルスで活躍したことから、縁のある３つの土地で得た力で主役になれるように、という願いがこめられている。

きき足も得意なポジションも「左」。守備的な左サイドバックから左ウイング、ＦＷとどこでもこなした「左サイドのスペシャリスト」だ。１９９９年には二桁得点の活躍で清水のステージ優勝に貢献し、当時史上最年少の22歳でリーグＭＶＰにかがやいたのだ。

伝説リプレイ

言葉の壁。食生活のちがい。苦労も多い高校時代だったが、サッカーがあったから乗りこえられた。

ヒーロー伝説延長戦

ブラジルうまれで日本国籍を取得した選手はほかにもいるが、三都主の「日本代表 82 試合出場」は圧倒的な１位。ブラジル出身のジーコ監督時代には、その場にいない専属通訳にかわって、代理通訳をつとめたことも。

東北人魂

常勝軍団のゲームメーカー

2002 2006

39

東北がうんだ無骨なカリスマ

小笠原満男

出身地

岩手県盛岡市

生年月日

1979年4月5日

身長・体重

173センチ・72キロ

能力パラメータ

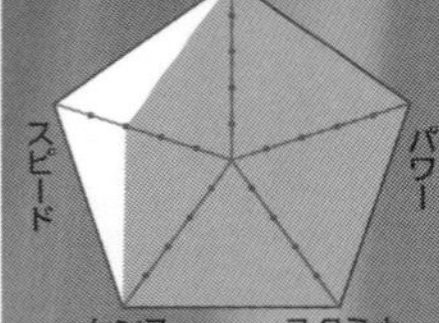

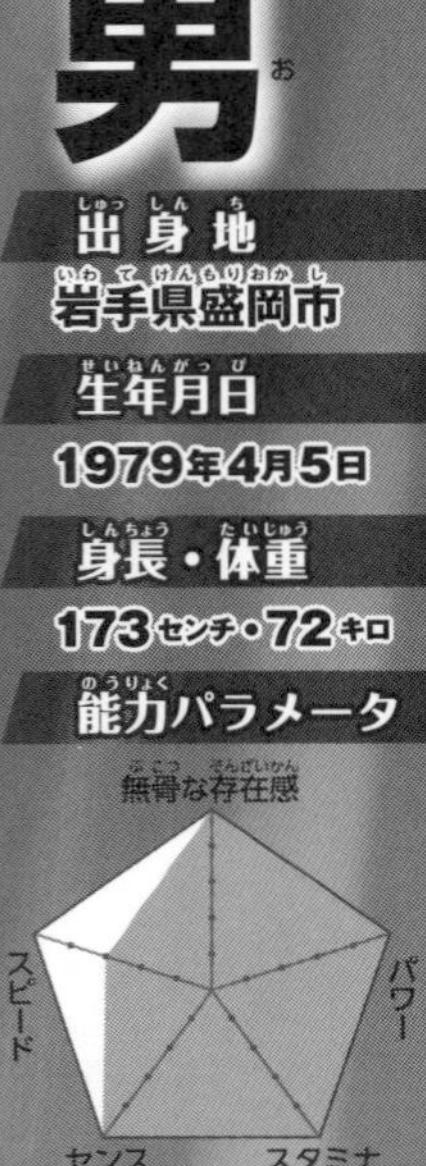

ヒーローの証

- 鹿島アントラーズの司令塔として、史上初の三冠(2000年)&3連覇(2007～2009年)達成
- 「東北人魂を持つＪ選手の会」発起人

主な所属チームと受賞歴	
チーム	大船渡高校→鹿島アントラーズ→メッシーナ（イタリア）→鹿島アントラーズ
受賞	MVP（2009年）、ベストイレブン（2001年～2005年、2009年）、Jリーグカップ MVP（2002年、2015年）、JリーグチャンピオンシップMVP（2000年、2001年）

鹿島のため、東北のため結果を求める無口な男

東北の男は無口が多い、といわれる。岩手県出身の小笠原満男も、無口で目立つことをきらう。メディアの取材もあまり受けない。それでも、選手の多くが「満男が一番」と語る攻撃的センスと守備能力で、常勝・鹿島アントラーズの中心選手として活躍。鹿島がこれまで獲得した19個※のタイトルのうち、じつに16個にかかわるなど、ズバ抜けた存在だ。多くを語らず結果だけを残す「不言実行」ぶりも、かえって存在感とカリスマ性をきわだたせている。

そんな満男が自分からメディアに姿をあらわすようになったのは2011年の東日本大震災のあとから。東北出身のサッカー選手たちと「東北人魂を持つJ選手の会」（略して「東北人魂」）を発足。被災地への支援をよびかけた。鹿島のため、東北のため。どんなに勝利をかさねても、満男は満足しない。

伝説リプレイ

代表一のモテ男・内田篤人も「かっこいいよね、選手としても人としても」とホレボレする存在だ。

ヒーロー伝説延長戦

「東北人魂」には、ガンバ大阪の今野泰幸（宮城県出身）、鹿島の後輩の柴崎岳（青森県出身）ら有名選手も数多く参加。東北復興支援を継続していくためにも、小笠原は１年でも長く現役生活を続けることを誓っている。

※19個のタイトル…2017年1月までの、リーグ戦、リーグカップ戦、天皇杯の合計獲得数で、Jクラブ最多。同じ年度にリーグ戦、リーグカップ戦、天皇杯のすべて勝つことを「三冠」とよぶ。

引退

40

中田 英寿

世界にはばたいた日本サッカーの革命児

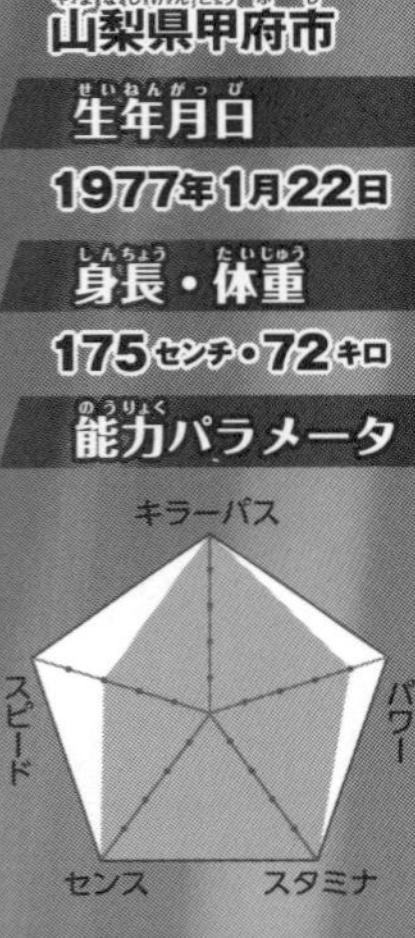

「サッカーの王様」が認めた「伝説の旅人」

1998 2002 2006

出身地
山梨県甲府市

生年月日
1977年1月22日

身長・体重
175センチ・72キロ

能力パラメータ

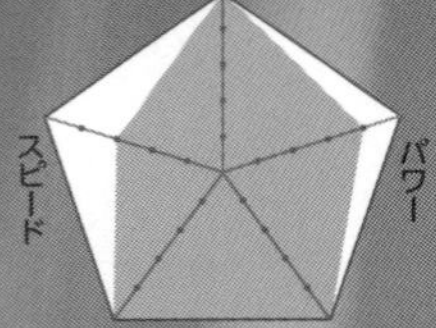

ヒーローの証

- 1998年、日本のW杯初出場の立役者
- 世界主要大会すべてでゴールを決めた男
- 「偉大なサッカー選手100人」に選出

主な所属チームと受賞歴	チーム 韮崎高校→ベルマーレ平塚→ペルージャ→ASローマ→パルマ→フィオレンティーナ（いずれもイタリア）→ボルトン（イングランド） 受賞 ベストイレブン（1997年）、アジア年間最優秀選手賞（1997年、1998年）、FIFAコンフェデレーションカップベストイレブン（2001年）

敵も味方も青ざめる必殺キラーパス

FIFA※が主催する、年代ごとのさまざまな世界大会。その主要大会すべてでゴールを決めた唯一の日本人選手、それが「ヒデ」こと中田英寿。日本サッカー史を語るうえで外すことができない、世界レベルのプレーヤーだ。

自分にきびしく、味方にもきびしかったヒデは、味方もおいつけないような強くて速い「キラーパス」で日本代表の中盤を支配。1998年、イタリアのセリエA、ペルージャに移籍すると、デビュー戦で強豪ユヴェントス相手に2ゴール。シーズン10得点を決め、一気に世界的プレーヤーの仲間入り。サッカーの王様・ペレ※が選出した「偉大なサッカー選手100人」に日本人でえらばれたのも、ヒデだけだ。2006年、ドイツW杯で全試合に出場したのち、全盛期に突然の引退。その去り方もまた、伝説となった。

伝説リプレイ

「偉大なサッカー選手100人」にえらばれたのはアジア全体でもふたりだけ。世界にほこれる快挙だ。

ヒーロー伝説延長戦

引退コメント「人生とは旅であり、旅とは人生である」がしめすとおり、「旅人」ともよばれ、文字どおり世界で活躍したヒデ。遠征などのときに成田空港で見せる奇抜なファッションは「成田コレクション」として話題をよんだ。

※FIFA…国際サッカー連盟。W杯を運営したり、サッカーのルールを決めたりしている。
※ペレ…ブラジル代表としてW杯で3度優勝。「サッカーを変えた男」といわれる、世界で一番有名なサッカー選手。

ジュビロ磐田

41

松井大輔

きらめく『ル・マンの太陽』

変幻自在の
パス&ドリブル突破

2010

出身地
京都府京都市

生年月日
1981年5月11日

身長・体重
175センチ・68キロ

能力パラメータ

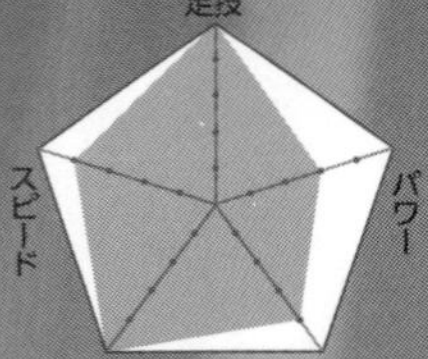

ヒーローの証

- 「おしゃれすぎる」といわれるテクニック
- 南アフリカW杯で、日本代表の決勝トーナメント進出に貢献

主な所属チームと受賞歴

チーム 鹿児島実業高校→京都パープルサンガ→ル・マン（フランス）→サンテティエンヌ（フランス）→グルノーブル（フランス）→トム・トムスク（ロシア）→ディジョン（フランス）→スラヴィア・ソフィア（ブルガリア）→レヒア・グダニスク（ポーランド）→ジュビロ磐田

フランスじこみの華麗なテクニシャン

足のあらゆる場所を使ってボールを思いのままにあやつるテクニシャン、松井大輔。彼がサッカー選手として成長する道のりには、いつもフランスの影響があった。15歳のときにはフランスの名門パリ・サンジェルマンの練習に参加。21歳以下の日本代表として出場したフランス・トゥーロン国際大会※ではベストエレガント賞を受賞した。

2004年、23歳のとき、フランスリーグ二部のル・マンに移籍。もちまえの技術と想像力豊かなプレーでチームを一部昇格にみちびき、「ル・マンの太陽」とよばれるようになった。ヨーロッパのなかでも、一対一での勝負が求められるフランスリーグで結果を残しつづけた松井。2010年の南アフリカW杯では、レギュラーとして日本の決勝トーナメント進出に貢献。代表でも太陽のように明るくかがやいたのだ。

伝説リプレイ

ル・マン時代の2007年、モナコ戦で決めたヒール（かかと）ボレーは「伝説のゴール」とよばれている。

ヒーロー伝説延長戦

松井が活躍した南アフリカW杯。日本は決勝トーナメント初戦でPK戦のすえ、おしくも敗戦。PKを外した駒野友一の肩を抱き、はげましたのが松井だった。ふたりは同級生で関西選抜でもプレー。熱い友情に日本が涙した。

※トゥーロン国際大会…毎年5月末ごろに行われる若手選手のための国際大会。優勝チーム以外のすぐれた選手におくられるのが「ベストエレガント賞」だ。

阿部勇樹

チームを見守る頼みの綱

荒れもようでも安全、安心！

2010

出身地
千葉県市川市

生年月日
1981年9月6日

身長・体重
178センチ・77キロ

能力パラメータ

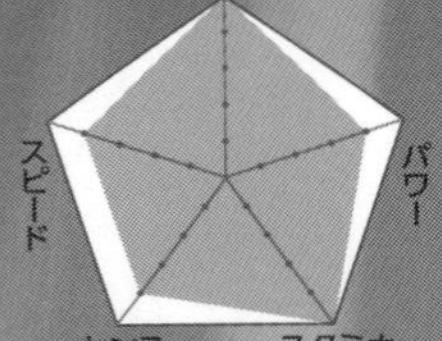

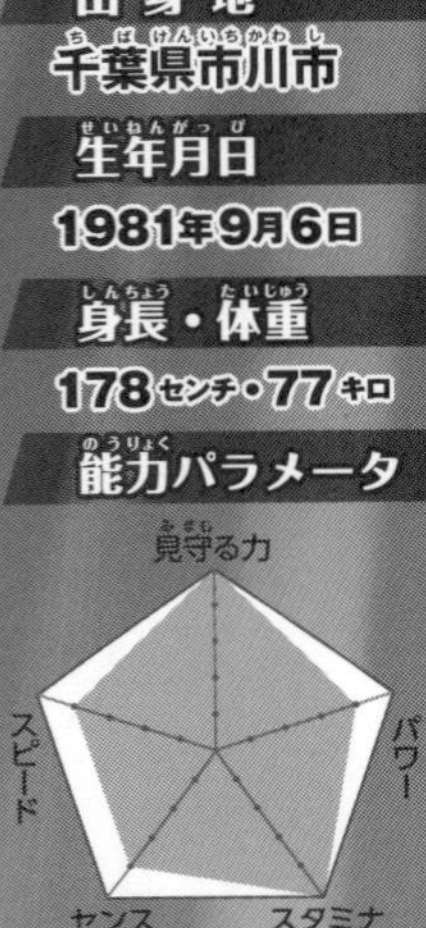

ヒーローの証

- 個性派集団・浦和レッズのキャプテン
- フィールド選手歴代1位の連続フル出場139試合
- 守備力が高いうえにフリーキックも得意

主な所属チームと受賞歴

チーム ジェフユナイテッド市原ユース→ジェフユナイテッド市原→浦和レッズ→レスター・シティ（イングランド）→浦和レッズ　**受賞** ベストイレブン（2005年～2007年、2016年）、Jリーグカップ ニューヒーロー賞（2005年）

どっしりかまえる 心強い「アンカー」※

キャプテンには、熱いハートでチームをひっぱる〝闘将タイプ〟もいれば、うしろからそっと〝見守るタイプ〟もいる。阿部勇樹は、チームメートが気もちよくプレーできるようサポート役になる、見守るタイプのキャプテンだ。代表でこそキャプテンはつとめていないが、ジェフ市原では21歳の若さでキャプテンに指名され、浦和レッズでも2012年からずっとキャプテンとして、チームを見守りつづけている。

プレー面でも、阿部の「見守り力」が発揮された舞台が2010年の南アフリカW杯。MFの一番うしろ、DFの前に位置する「アンカー」という役割でチームを見守り、守備をしっかりと安定させた。また、チャンスとみれば得意のパスで攻撃にも参加。日本が決勝トーナメントに進出できたのは、「アンカー阿部」の重しがきいたのだ。

伝説リプレイ

同じ守備的なMFの「ボランチ」とにているが、より守備の意識が求められるのが「アンカー」だ。

ヒーロー伝説延長戦

『泣いた日』という自伝を出したほどの泣き虫キャラ。小さいころは兄のようにボールが蹴れないと涙。レッズでもチームが連敗したとき、サポーターの前で涙を流し、「まずひとつ勝とう！ そのために一緒に戦おう！」とうったえた。

※アンカー…船の位置をどっしりと固定する「いかり」のこと。

ジュビロ磐田

日本がうんだファンタジスタ※
中村俊輔

左足からくりだされる 変幻自在の芸術的キック

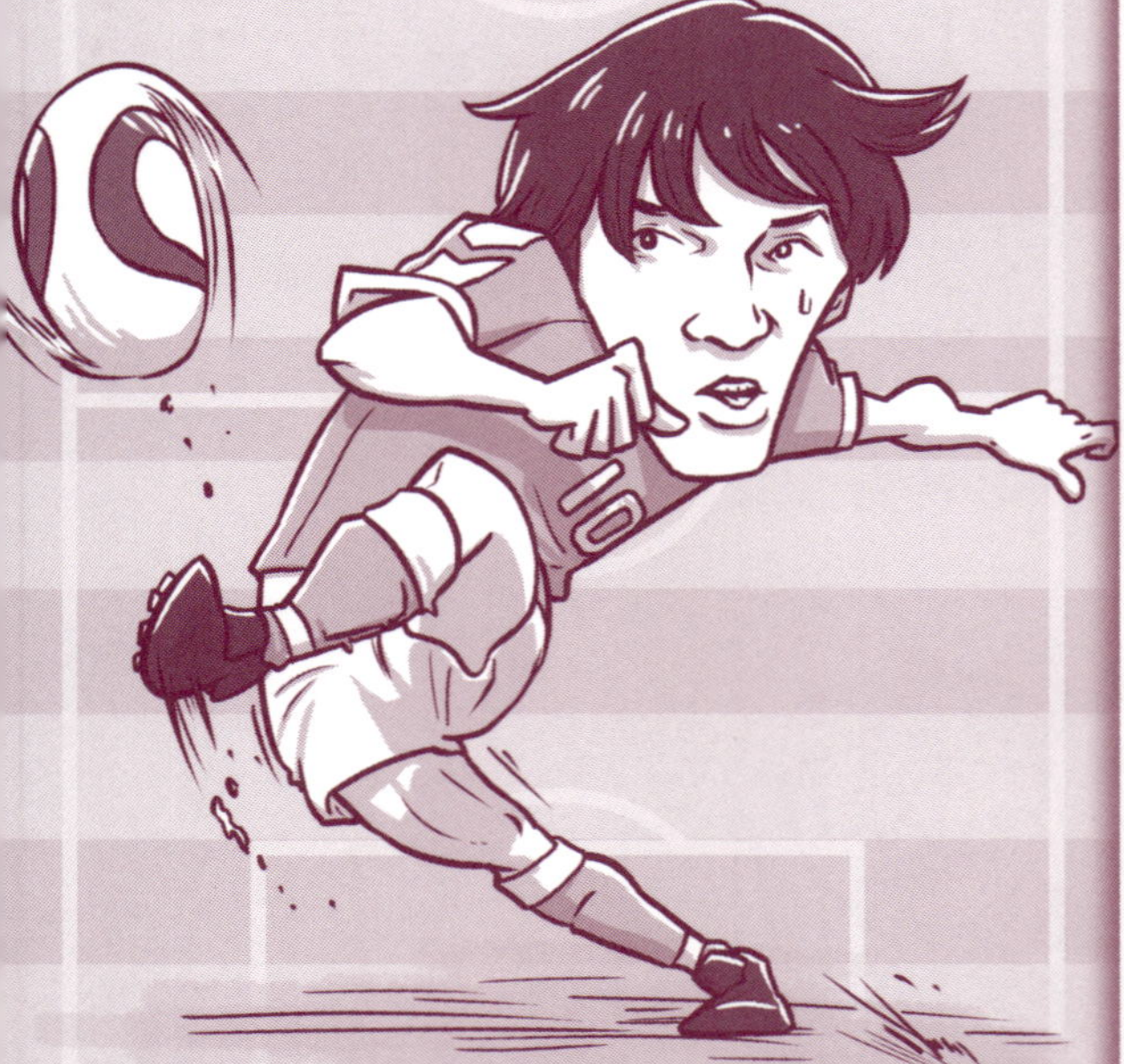

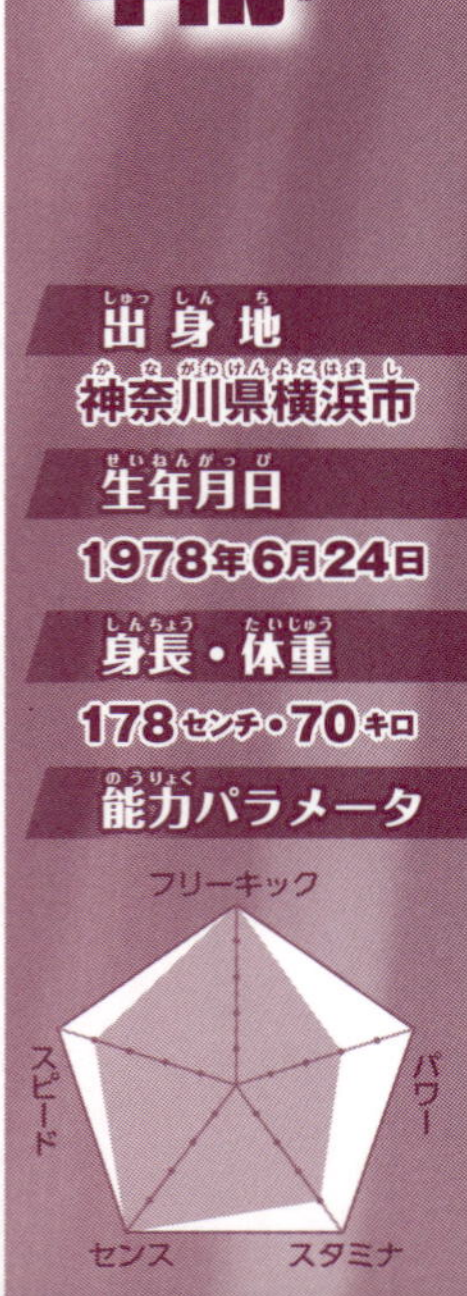

ヒーローの証

- Jリーグ史上初のMVP複数回受賞
- アジア人初のヨーロッパリーグMVP受賞
- 世界レベルの芸術的フリーキック

出身地
神奈川県横浜市

生年月日
1978年6月24日

身長・体重
178センチ・70キロ

能力パラメータ

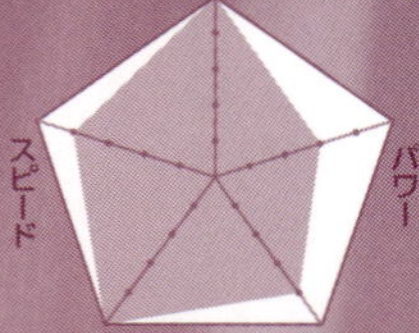

主な所属チームと受賞歴	**チーム** 桐光学園高校→横浜マリノス→レッジーナ（イタリア）→セルティック（スコットランド）→エスパニョール（スペイン）→横浜F・マリノス→ジュビロ磐田 **受賞** MVP（2000年、2013年）、ベストイレブン（1999年、2000年、2013年）、スコティッシュリーグMVP（2006-07年）、アジア杯MVP（2004年）

世界をとりこにした2本のフリーキック

その左足がうみだすフリーキック（FK）で何度もチームを救ってきた中村俊輔。「芸術的」といわれるキックは、大きくまげたりスピードを重視したりと、自由自在。なかでも「世界レベル」と絶賛されたのが、2006年、スコットランドのセルティック時代に決めた2本のFKだ。

ヨーロッパ各国の一流クラブだけが顔をそろえる「チャンピオンズリーグ」※に出場したセルティックは、イングランドの超名門、マンチェスター・ユナイテッドと2度対戦。最初の試合では、GKが一歩も動けないスピード重視のキックが炸裂。これでマークがきびしくなるなか、次の試合では、GKの手がわずかにとどかない大きくまがるFKを決め、セルティックははじめてチャンピオンズリーグのベスト16に進出。日本人としても史上初の快挙だった。

伝説リプレイ

代表24ゴール中、FKで9ゴール。フランスなどの強豪国からも芸術的なFKを決めている。

ヒーロー伝説延長戦

Jリーグではじめて、フリーキックで通算20得点以上を達成した中村。イタリアのメディアがえらんだ「歴代フリーキッカー トップ20」で、現役選手で最高順位となる5位に選出されたほど、世界的なキッカーなのだ。

※ファンタジスタ…創造力豊かなプレーをする天才的な選手のこと。
※チャンピオンズリーグ…クラブチームの国際大会。決勝戦以外はおたがいのホームスタジアムで2試合行う。

浦和レッズ

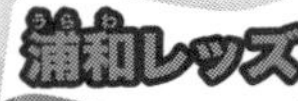

44 柏木陽介

調子乗り世代の王子様

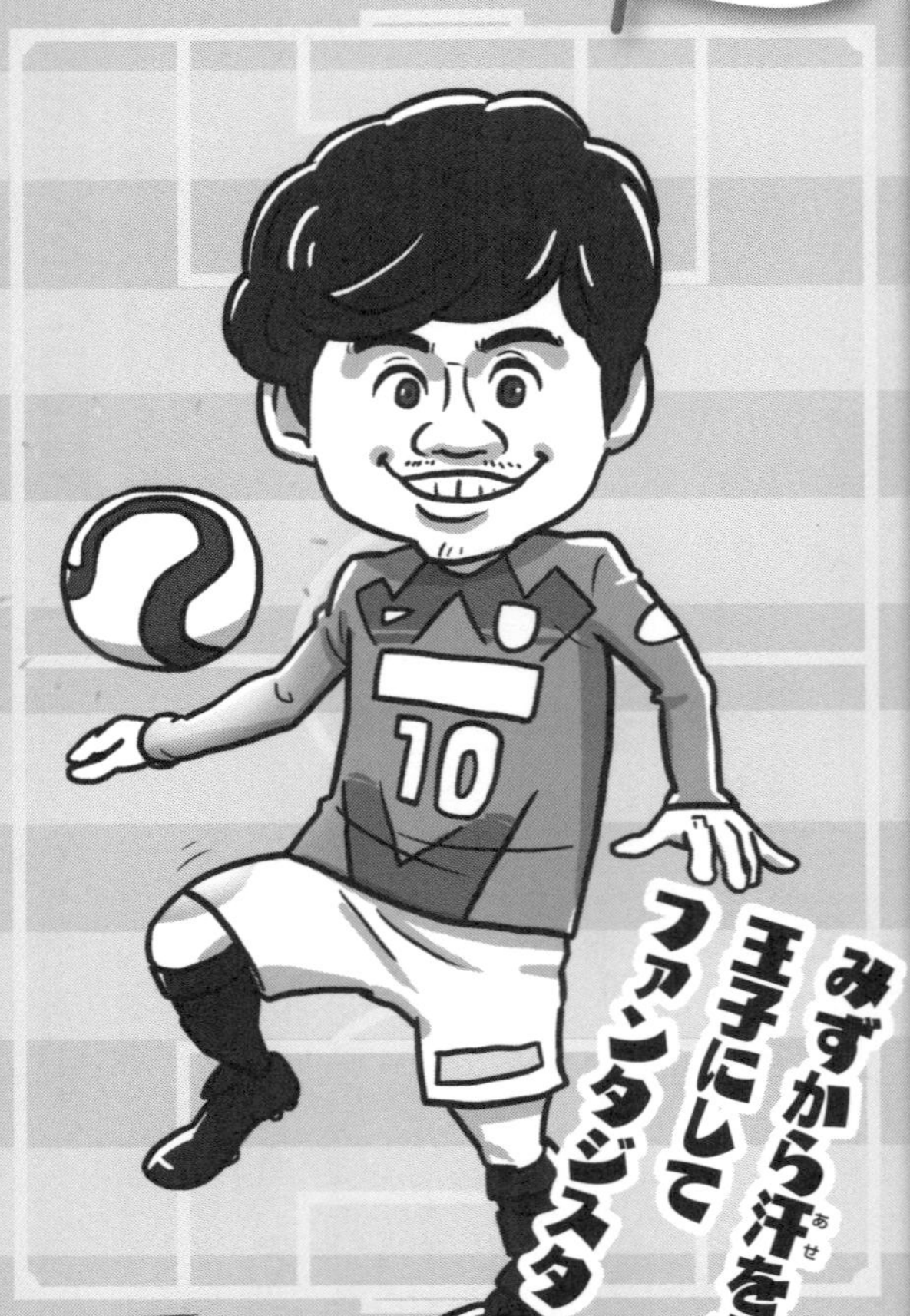

10
みずから汗をかく
王子にして
ファンタジスタ

ヒーローの証

- 各年代の代表チームでエースナンバー「10」
- 強豪サンフレッチェでもレッズでも「10」
- すぐれた戦術眼とパスセンスにくわえ、運動量も豊富

出身地
兵庫県神戸市

生年月日
1987年12月15日

身長・体重
176センチ・73キロ

能力パラメータ

王子度
パワー
スタミナ
センス
スピード

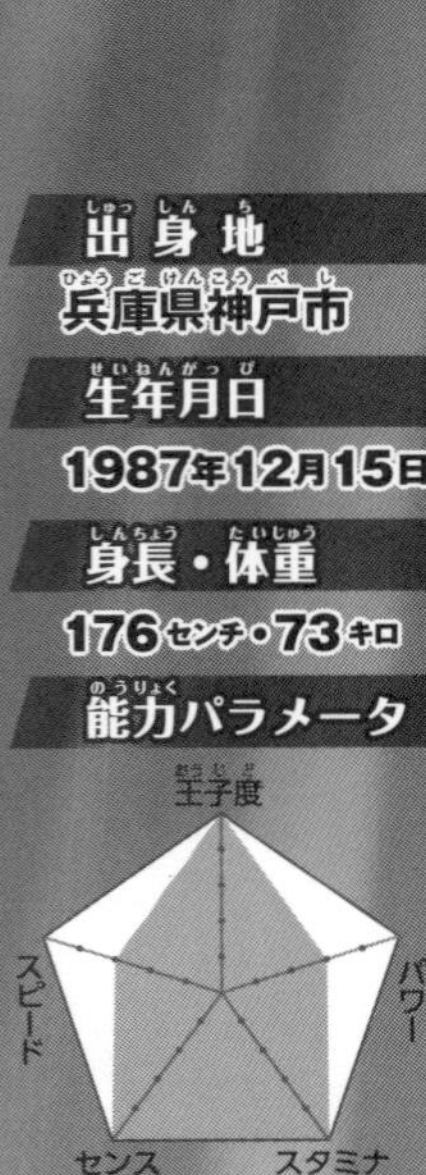

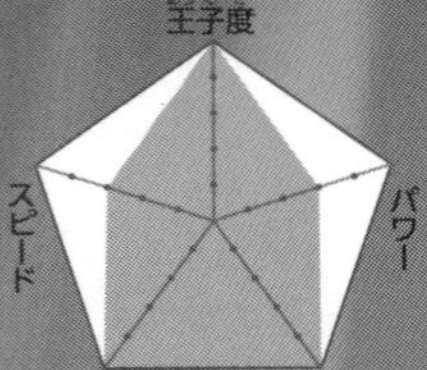

主な所属チームと受賞歴	**チーム** サンフレッチェ広島ユース→サンフレッチェ広島→浦和レッズ　**受賞** ベストイレブン（2016年）

「王子様」が見せるふたつの異なる魅力

サッカーには「フリック」とよばれる技がある。「はじく」という意味で、ボールに少しだけさわることで、味方へのパスコースを変える技のこと。敵をあざむくこのフリックを、「自分以上に使いこなせる選手はいない」と豪語するのが、浦和レッズの柏木陽介だ。

１９８７年うまれの柏木は、同年代屈指のゲームメーカー。２００７年には20歳以下のW杯でベスト16に進出。目立ちたがりが多く、派手なゴールパフォーマンスなどから「調子乗り世代」ともいわれるこの年代のなかで、柏木はさわやかな外見から「調子乗り世代の王子様」とよばれた。また、王子のイメージとはうらはらに、チームのためにみずからよく走ることから「走るファンタジスタ」の別名も。敵をあざむくプレーと、まじめな走力。このギャップが、ファンを夢中にさせるのだ。

伝説リプレイ

オレって天才!?

チュン

広い視野をもち、プレーのアイデアが豊富だからこそ、柏木の「フリック」は効果を発揮するのだ。

夏場でも長袖を着てプレーするのが柏木のポリシー。その理由は、接触プレーのとき、汗でべったりした相手の肌に直接ふれたくないから。自分の汗はいいけど、人の汗は絶対にイヤ。そんなところも「王子様」たる理由だ。

コラム4 日本代表をひきいた男たち その1

悲願のW杯初出場をロスタイムで逃した「ドーハの悲劇」。そこから、4年後の「ジョホールバルの歓喜」までには、代表監督が何度も代わるドラマがあった。

オフト監督時代（1992〜1993年）

代表史上初の外国人監督、ハンス・オフト（オランダ）。三浦知良、ラモス瑠偉といった個性派ぞろいのチームを「アイコンタクト（目線での合図）」「トライアングル（3人が三角形のポジショニングで動くこと）」「スモールフィールド（攻守の間のスペースを狭く保つこと）」といった約束事でまとめあげ、日本代表初のアジア杯優勝を達成。初のW杯出場も期待された。だが1993年10月、中東・ドーハでのアジア最終予選、勝てばアメリカW杯出場という試合で、ロスタイムに追いつかれる「ドーハの悲劇」により、W杯出場を逃した。

ファルカン〜加茂監督時代（1994〜1997年）

W杯に出るには経験豊富な監督が必要だ、と元ブラジル代表のロベルト・ファルカン監督が就任。だが、思うようなチームづくりができずに負けが続き、すぐに監督交代。やっぱりコミュニケーションがとりやすい日本人がいい、と天皇杯優勝経験もある加茂周監督が就任した。チーム戦術は「ゾーンプレス」。狭い範囲（ゾーン）に選手が密集して相手ボールをうばい、そこから一気に攻撃にきりかえよう、という作戦だった。だが、肝心のW杯アジア最終予選では、全8戦中、4試合を終えて1勝しかできず、予選途中でまさかの監督解任となった。

岡田監督（第一次）時代（1997〜1998年）

突然クビになった加茂監督に代わって監督に指名されたのは、それまで代表コーチだった岡田武史。なんと、一度も監督経験がない人が日本代表の監督になってしまった。だが、チームのことをよく理解していた岡田監督は、新エースとして20歳になったばかりの中田英寿を大抜擢。勝てばW杯出場が決まる大一番、マレーシアのジョホールバルで行われたイラン戦は、まさにその中田が大活躍。「ジョホールバルの歓喜」とよばれる劇的勝利で、初のW杯出場を決めた。そのまま、フランスW杯本番でも指揮をとったが、3戦全敗で幕を閉じた。

セレッツソ大阪

45

大分がうんだ天才

清武 弘嗣

熱いハートと冷静さをあわせもつ司令塔

出身地
大分県大分市

生年月日
1989年11月12日

身長・体重
172センチ・66キロ

能力パラメータ

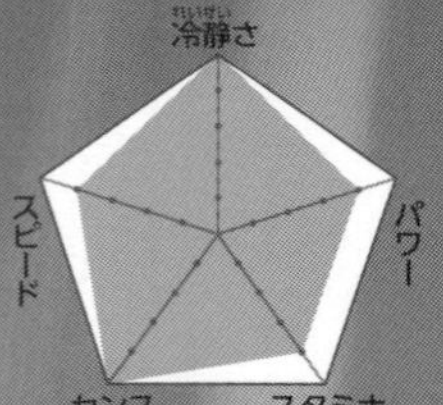

ヒーローの証

- パスセンスにすぐれたゲームメーカー
- 日本代表でも海外クラブでもプレースキックを任される、正確な足もとの技術

主な所属チームと受賞歴	チーム 大分トリニータユース→大分トリニータ→セレッソ大阪→ニュルンベルク（ドイツ）→ハノーファー（ドイツ）→セビージャ（スペイン）→セレッソ大阪　受賞 ベストイレブン（2011年）

天才少年を成長させた1枚のレッドカード

「大分の天才少年」とよばれてそだった清武弘嗣。地元では有名なサッカー選手だった父の指導もあって、小学4年生にして全国大会に出場。将来を期待されていた。だが2年後、小学6年生で出場した全国大会準々決勝。1学年下の弟がラフプレーを受けたことが引き金となって、思わず審判に暴言をはいてしまう。小学生にはめずらしいレッドカードでの一発退場。エースを欠いたチームは準決勝で敗退した。

「サッカーさせんとよかった……」

父からそういわれ、大きなショックを受けた弘嗣少年。だからこそ、サッカー選手はどんなときも冷静さを失ってはダメだと学び、「同じあやまちは二度とくりかえさない」と誓った。いまでは冷静沈着なゲームメーカーとして、日本代表でも活躍。「清武がいてよかった」といわれる存在になっている。

伝説リプレイ

弟・功暉も現在はＪリーガー（ジェフ千葉所属）。あのレッドカードと敗戦が清武兄弟を成長させた。

ヒーロー伝説延長戦

ロンドンオリンピックではチームの司令塔としてベスト4進出に大きく貢献。2016年の日本代表では10試合中9試合に出場して7アシスト。代表のアシスト王だった。激戦区の司令塔で、頭ひとつ抜けた存在なのが、清武だ。

※プレースキック…コーナーキックやフリーキックなど、試合を再開させるプレー。

テネリフェ

最強軍団・レアルを追いつめた男

46

柴崎岳

プラチナ世代のゲームメーカー

出身地

青森県上北郡野辺地町

生年月日

1992年5月28日

身長・体重

175センチ・64キロ

能力パラメータ

戦術眼
パワー
スタミナ
センス
スピード

ヒーローの証

- 常勝・鹿島でエースナンバー10を背負う
- レアル・マドリード相手に華麗な2ゴール
- 海外からも認められたキックの精度と戦術眼

主な所属チームと受賞歴　チーム　青森山田高校→鹿島アントラーズ→テネリフェ（スペイン）　受賞　ベストイレブン（2014年）、ベストヤングプレーヤー賞（2012年）、JリーグカップMVP（2012年）

世界を驚かせ、運命を切りひらいた〝二発〟

スペイン代表でも、名門FCバルセロナでもチームを世界一にみちびき、「世界最高のMF」と名高いアンドレス・イニエスタ。そんなスゴい選手と比較されたのが柴崎岳だ。才能豊かな選手が多い1992年うまれの「プラチナ世代」のなかでも、パスの精度や試合の流れを読む力にすぐれたゲームメーカーとして、ずっと期待の星だった。

鹿島アントラーズでも若くして背番号10を背負った柴崎は、2016年、クラブ世界一を決める「クラブW杯」の決勝戦で名門レアル・マドリードと対戦。世界中が「レアルが何点差で勝つか」と注目するなか、なんと柴崎が2ゴールを決め、レアルをあと一歩まで苦しめたのだ。試合には負けたものの、「シバサキは〝日本のイニエスタ〟だ」と世界中から賞賛され、スペインに移籍するきっかけとなった。

伝説リプレイ

スペインにわたった柴崎は、二部だったクラブの一部昇格争いで活躍。またもスペインで注目の的に。

ヒーロー伝説延長戦

2016年12月、柴崎の母校・青森山田高校の後輩たちが日本一をめざしていたところ、スパイク盗難の被害に。このピンチを救ったのが柴崎。ほかのOBと協力してスパイクを寄付。後輩たちはニュースパイクをはいて優勝した。

47

伊東輝悦

「マイアミの奇跡」の立役者

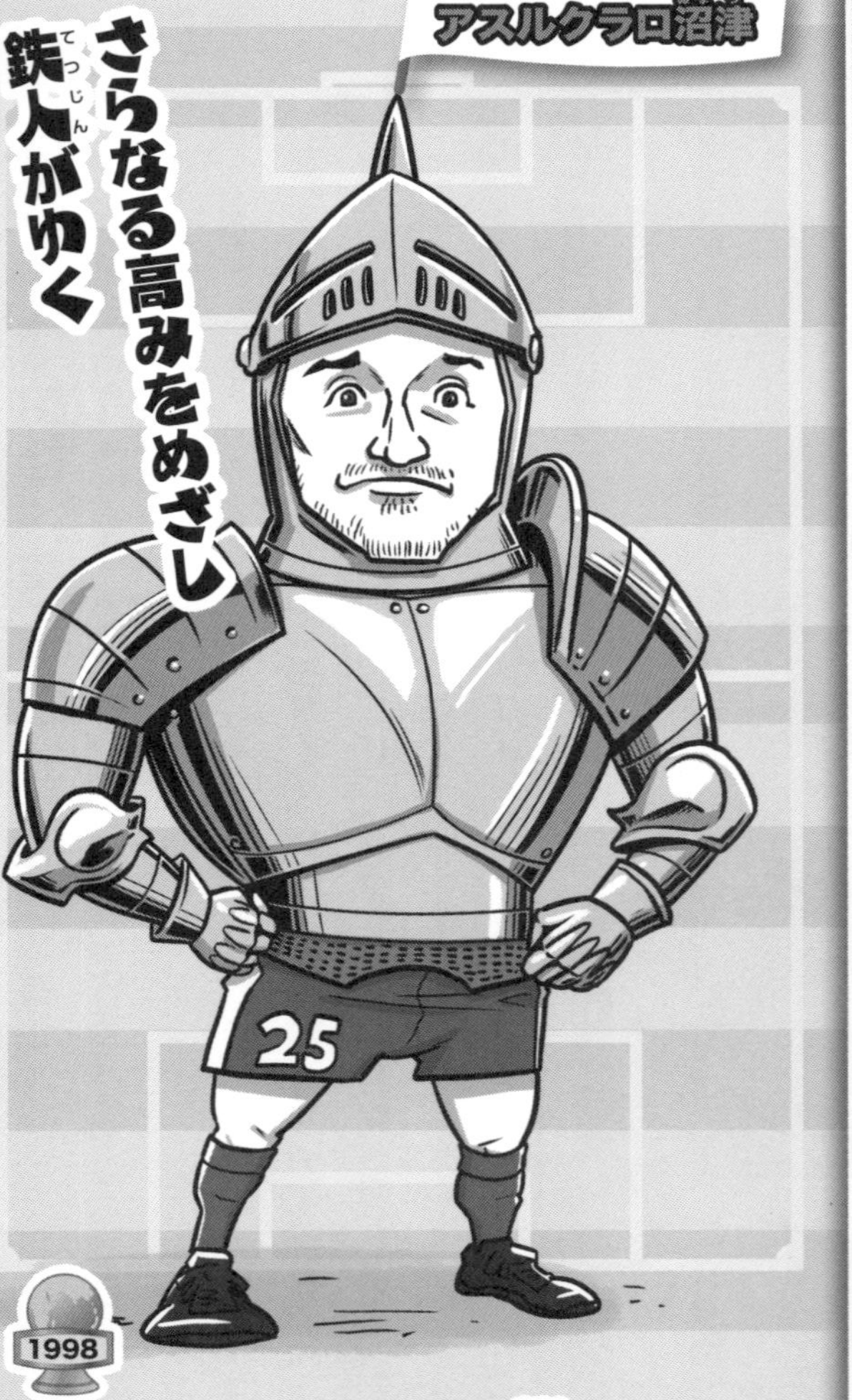

アスルクラロ沼津
さらなる高みをめざし
鉄人がゆく
25
1998

出身地

静岡県静岡市(旧・清水市)

生年月日

1974年8月31日

身長・体重

168センチ・70キロ

能力パラメータ

鉄人度
パワー
スタミナ
センス
スピード

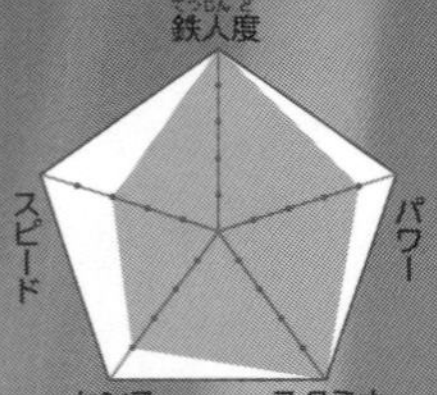

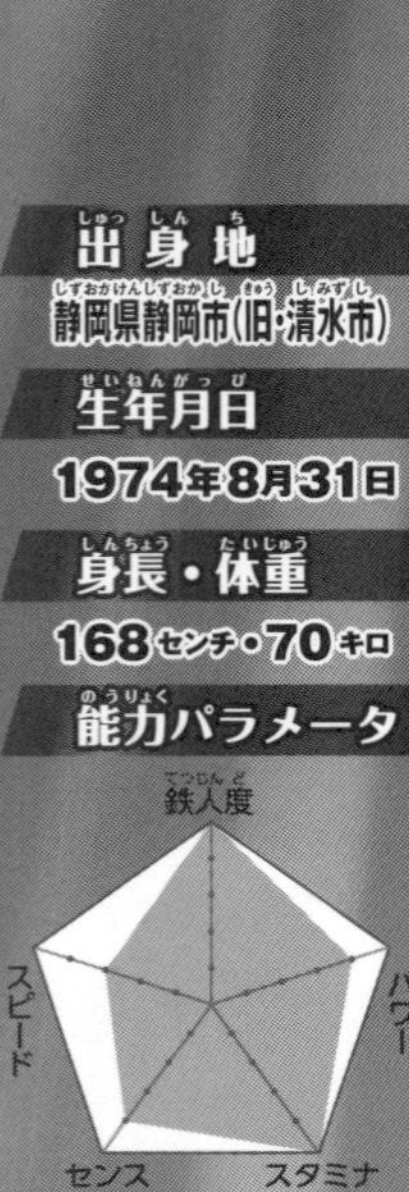

ヒーローの証

- Ｊ１史上初の500試合出場達成
- オリンピック・ブラジル戦で、奇跡的な勝利をよぶゴールを決める

主な所属チームと受賞歴
チーム 東海大学第一高校→清水エスパルス→ヴァンフォーレ甲府→ＡＣ長野パルセイロ→ブラウブリッツ秋田→アスルクラロ沼津 **受賞** ベストイレブン（1999 年）、フェアプレー個人賞（2007 年）

Jリーグ一のタフガイがブラジル戦で波乱を起こす

1996年のアトランタオリンピックで、世界が驚く「大番くるわせ」が起きた。2年前のアメリカW杯優勝メンバーもふくまれていた世界一の強豪国・ブラジルに、若き日本代表が勝ってしまったのだ。スコアは1対0。その貴重な1点を決めた男こそ、伊東輝悦だ。

オリンピック代表では守備的なボランチに挑戦し、攻守にわたってチームを支えた伊東。じつは、10代のころは攻撃的MFで、当時の世界的スーパースター、マラドーナ※をもじって「テルドーナ」とよばれていたほど。もともともっていた攻撃センスがあればこそ、ブラジルからもゴールをうばうことができたのだ。そんな伊東のもうひとつの呼び名は「Jリーグの鉄人」。2011年にＪ1史上初の500試合出場を達成。40歳をこえても、タフな運動量が求められる中盤で現役を続けている。

伝説リプレイ

2017 年に入団したＪ３・アスルクラロ沼津のエンブレムには富士山の柄。めざすは日本一の頂だ。

ヒーロー伝説延長戦

伊東の趣味は「登山」。オフの日も、体を休めるどころか海外の山にのぼりにいくほど。500 試合出場を達成したとき、今後の目標をきかれると、登山にたとえ「もう頂上は近いけど、やれるところまでやりたい」と答えた。

※マラドーナ…アルゼンチンをW杯優勝にみちびいた国民的英雄。史上最高の選手ともいわれる。

48

ミスター・レフティ

名波 浩

引退

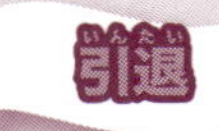

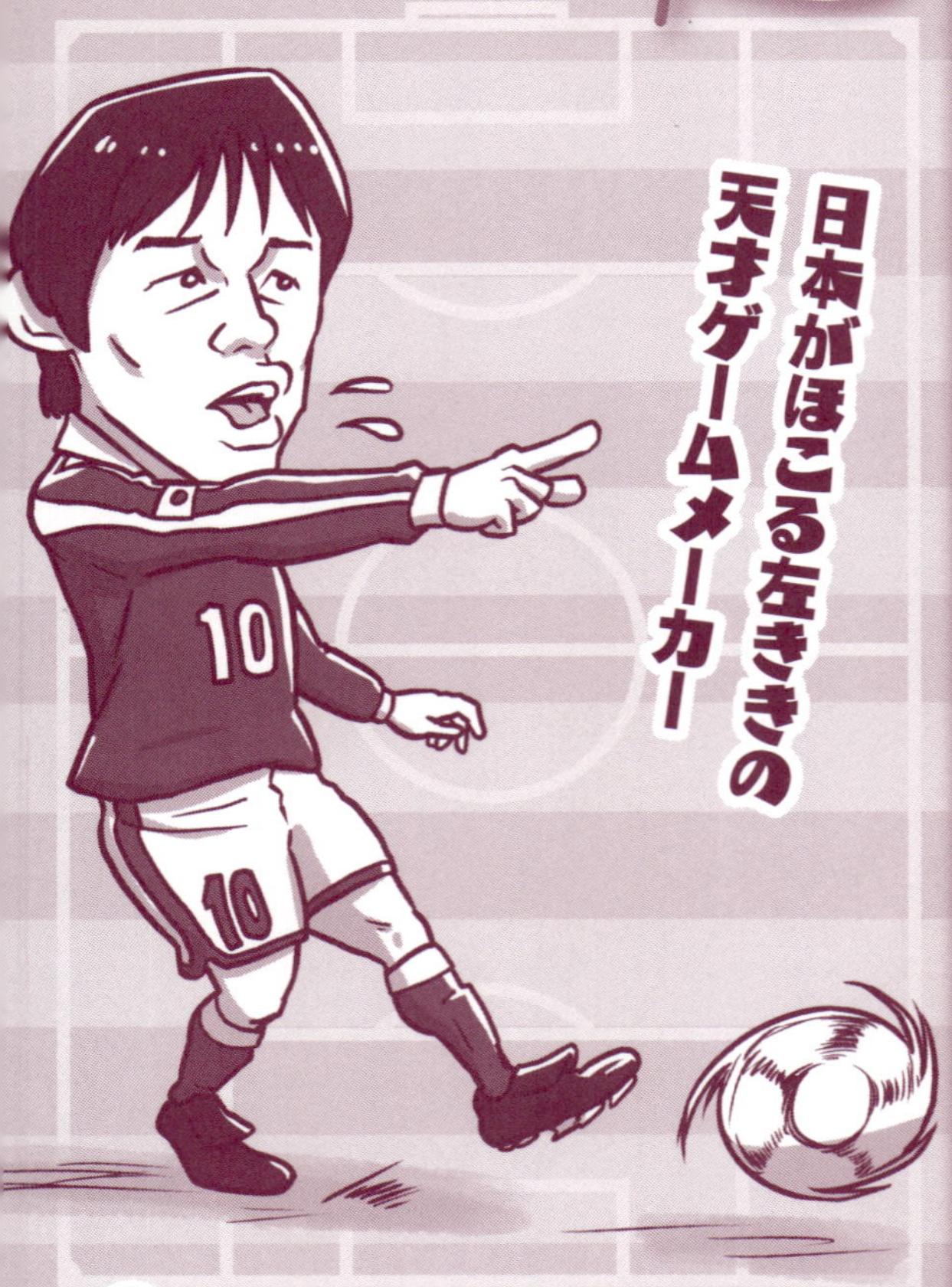

日本がほこる左ききの天才ゲームメーカー

1998

出身地

静岡県藤枝市

生年月日

1972年11月28日

身長・体重

177センチ・70キロ

能力パラメータ

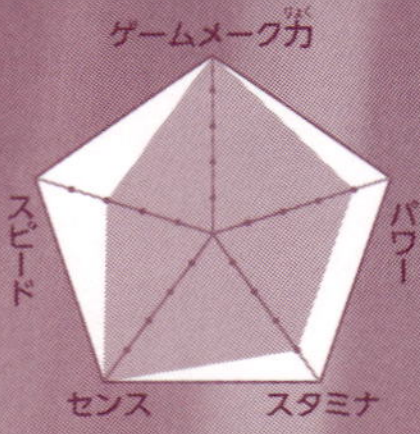
ゲームメーク力
パワー
スタミナ
センス
スピード

ヒーローの証

- 日本代表「10番」を6年以上まかされる
- ジュビロ磐田黄金期の立役者
- ※クロニクルベスト11のひとり

主な所属チームと受賞歴	**チーム** 順天堂大学→ジュビロ磐田→ヴェネツィア（イタリア）→ジュビロ磐田→セレッソ大阪→東京ヴェルディ→ジュビロ磐田 **受賞** ベストイレブン（1996年〜1998年、2002年）、Jリーグカップ ニューヒーロー賞（1996年）、アジア杯MVP（2000年）／ベストイレブン（1996年、2000年）

日本代表でも磐田でも指揮をとるのはこの男

攻撃力、守備力、そして攻守のバランス。そのすべてにおいて、日本サッカー史上屈指の存在だったのが、「代表10番」として長く活躍した名波浩だ。

正確な左足の技術を武器に、日本が初出場した1998年のフランスW杯でボランチとしてプレー。2000年のアジア杯でも大会MVPの活躍で日本を優勝にみちびいた名波だが、代表以上に、ジュビロ磐田の黄金期を支えたことで、特別な存在感を放った。

1999年、磐田のアジアクラブ選手権優勝の原動力になると、2001年には、名波の攻撃力と守備力を最大限にいかすべく、中盤をサイコロの5の目のような形にならべるフォーメーションが誕生。名波がその中央で指揮をとることから「N-BOX」とよばれた。いまでも日本サッカーの理想型のひとつとして語られる、伝説の戦術だ。

伝説リプレイ

攻守すべてを中心の選手がコントロールする「N-BOX」。名波だけが使いこなせた、最強にして幻のシステムだ。

ヒーロー伝説延長戦

左ききを野球では「サウスポー」とよぶが、サッカーでは「レフティ」。その言葉が定着したのは名波の功績。入団会見で「自分の左足にボールがあるときは注目してほしい」と宣言。右サイドからのキックにも左足を使った。

※クロニクルベスト11…Jリーグ20周年を記念してえらばれた、歴代20年間のベストイレブン。

福西崇史

ベビーフェイス・アサシン

闘将ドゥンガじこみのハードマーク

2002 2006

出身地
愛媛県新居浜市

生年月日
1976年9月1日

身長・体重
181センチ・77キロ

能力パラメータ

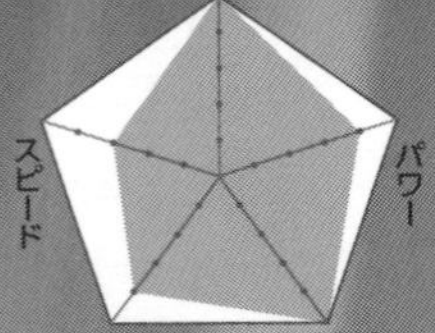

ヒーローの証

- ジュビロ磐田黄金期の不動のボランチ
- ブラジル代表のドゥンガから教えを受ける
- 日本を代表するイケメンボランチ

主な所属チームと受賞歴	**チーム** 新居浜工業高校→ジュビロ磐田→ＦＣ東京→東京ヴェルディ　**受賞** ベストイレブン（1999年、2001年～2003年）、Ｊリーグ功労選手賞（2009年）

世界一のボランチ直伝 エースをしとめる怖い奴

ジュビロ磐田に入団した当初はＦＷの選手だった福西崇史。だが、まわりのプレーについていけず「このままじゃ選手として終わる」と危機感をおぼえたとき、チームからボランチへのポジションチェンジを打診された。そして、ちょうど同じ時期に磐田へ加入してきたのが、ブラジル代表のボランチでキャプテン、「闘将」ドゥンガだった。

ドゥンガの熱血指導を受けた福西は、一気に日本を代表するボランチに成長。とくに、ドゥンガじこみの気迫あふれるプレーと、ファウルすれすれのハード・アタックは相手から恐れられた。ついた呼び名は「ベビーフェイス・アサシン」。かわいい顔にもかかわらず、アサシン（暗殺者）のように相手エースをしとめたからだ。でも、味方ならたのもしい存在。二度のＷ杯で代表ボランチをみごとにつとめあげた。

伝説リプレイ

実際にファウルをとられることは、それほど多くなかった福西。ひっそりしっかり、まさにプロの仕事!?

サッカーを始めたのは小学４年生のときだが、それ以前からとりくんでいた器械体操も、中学生まで続けた。ジャンプ力や柔軟性、バランス感覚、体の強さなど、サッカー選手に求められる能力はここでみがかれたのだ。

前園真聖

日本の「夢」をかなえた天才ドリブラー

「マイアミの奇跡」をなしとげた代表キャプテン

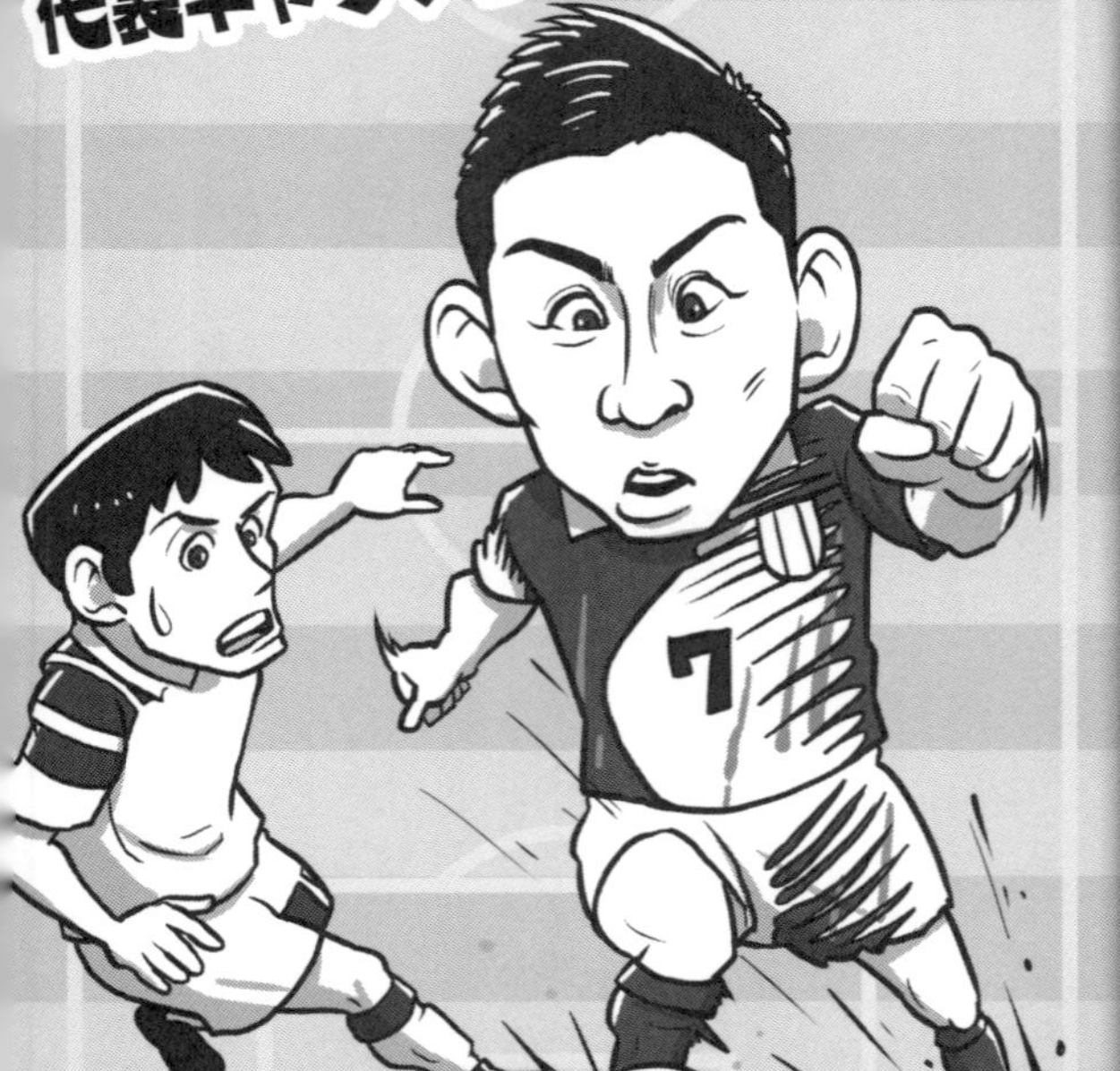

出身地

鹿児島県薩摩川内市（旧・薩摩郡）

生年月日

1973年10月29日

身長・体重

170センチ・66キロ

能力パラメータ

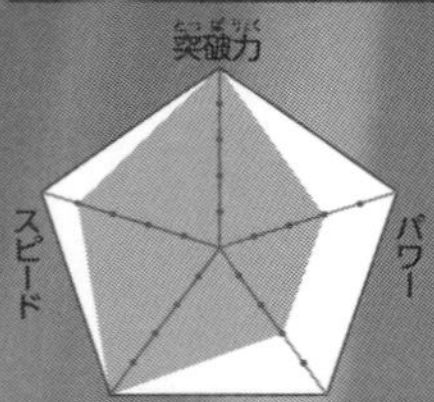

ヒーローの証

- 相手DFをきりきり舞いにしたドリブル突破
- 7大会・28年ぶりのオリンピック出場を決めた若き代表チームで、キャプテンとして活躍

主な所属チームと受賞歴	**チーム** 鹿児島実業高校→横浜フリューゲルス→ヴェルディ川崎→サントス（ブラジル）→ゴイアス（ブラジル）→湘南ベルマーレ→東京ヴェルディ→安養ＬＧチータース（韓国）→仁川ユナイテッドＦＣ（韓国） **受賞** ベストイレブン（1996年）

世界への扉をこじあけたキャプテン前園の突破力

Ｊリーグ開始は１９９３年。それまで、日本サッカーにとって世界の舞台はまさに「夢」だった。Ｗ杯出場経験はゼロ。オリンピックは１９６８年メキシコ大会を最後に、いつもアジア予選で負けていた。その歴史を変えたのが１９９６年アトランタオリンピックに出場した若き日本代表。このチームでキャプテンをつとめたのが前園真聖だ。

武器は華麗なステップで相手ＤＦをかわし、ゴールに結びつけるドリブル。勝てばオリンピック出場が決まるアジア最終予選・準決勝で、前園はドリブルから２ゴール。日本に勝利をもたらし、国民的スターになった。オリンピック本番では、圧倒的優勝候補のブラジルを撃破。その偉業は「マイアミの奇跡」とよばれ、キャプテン前園はまたしても人気者に。その知名度をいかし、引退後もタレントとして活躍中だ。

日本では号外もくばられた「マイアミの奇跡」。ブラジルでは「マイアミの屈辱」とよばれている。

ヒーロー伝説延長戦

オリンピックでは活躍しながら、Ｗ杯には出場できなかった前園。だが、引退したあとの2009年、ビーチサッカー※日本代表にえらばれ、ビーチサッカーＷ杯にも出場。２ゴールを決め、決勝トーナメント進出に貢献した。

※ビーチサッカー…砂浜で行うサッカー。１チーム５人で戦う。Ｗ杯は２年に１回開かれ、人気も高い。

ガンバ大阪

51

遠藤保仁

日本代表歴代最多出場

そのパスが攻守をつなぐ日本最強の「パイプ」役

ヒーローの証

- 日本代表歴代最多152試合&J1・500試合出場
- リーグ戦PK成功30本以上の「PK名人」
- MF史上ふたり目の100ゴールもPKで達成

出身地
鹿児島県鹿児島市(旧・桜島町)

生年月日
1980年1月28日

身長・体重
178センチ・75キロ

能力パラメータ

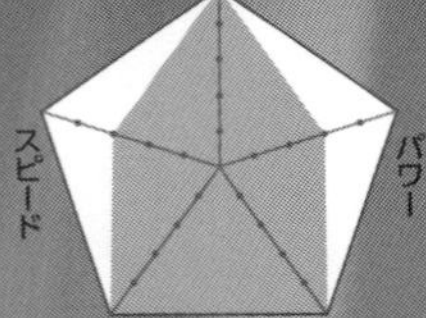

主な所属チームと受賞歴	
チーム	鹿児島実業高校→横浜フリューゲルス→京都パープルサンガ→ガンバ大阪
受賞	MVP（2014年）、ベストイレブン（2003年～2012年、2014年、2015年）、アジア年間最優秀選手賞（2009年）

誰よりも走って「日本の心臓」になった男

日本代表でもっとも多くの試合に出場した遠藤保仁。だが、じつはずっと「日陰の存在」だった。日本が8強入りした2000年シドニーオリンピックでは補欠。試合は観客席から見守った。2002年日韓W杯はメンバーにえらばれず、代表入りした2006年ドイツW杯ではGK以外でただひとり、試合に出られないくやしさを味わった。

そんな遠藤が変わるきっかけとなったのは、ドイツW杯のあとに代表監督になったオシムから「チームのために走りなさい」といわれたこと。もともと、高いパス能力をもつ遠藤が誰よりも走ることで、攻撃と守備をパスでつなぐパイプ役になり、「日本の心臓」とよばれるようになったのだ。2010年南アフリカW杯では日本代表でもっとも長い走行距離を記録。日本の決勝トーナメント進出の立役者となった。

伝説リプレイ

MFの選手が1試合で走る距離は平均で約10キロだが、遠藤は南アフリカW杯で平均11.8キロも走った。

海外でプレーすることが日本代表への近道、といわれるなか、「日本にいても成長できる」とずっとJリーグ所属。ガンバ大阪がJ2に落ちても移籍せず、J2でも日本代表にえらばれた。19年連続ゴールはJリーグ記録だ。

52

齋藤 学

日本最強のドリブラー

横浜F・マリノス

一瞬でぬきさる「ハマのメッシ」の突破力

2014

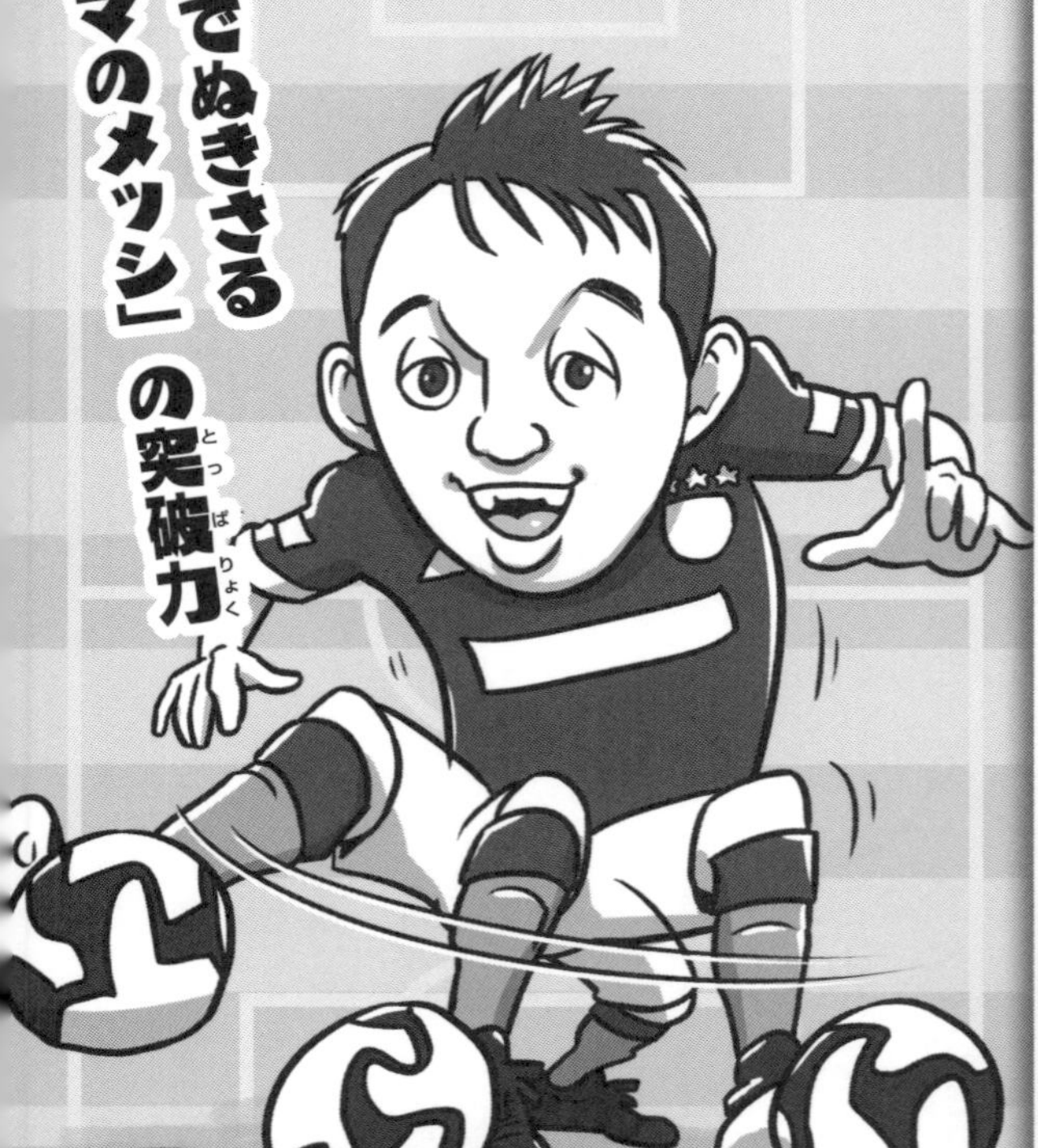

出身地

神奈川県川崎市

生年月日

1990年4月4日

身長・体重

169センチ・68キロ

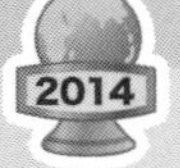

能力パラメータ

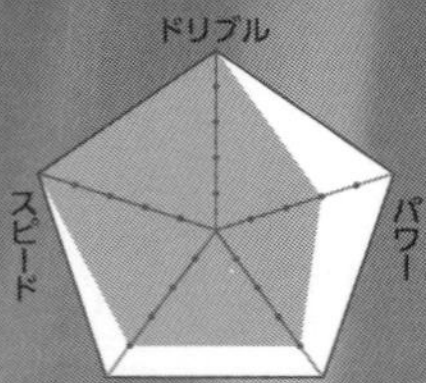

ヒーローの証

- FWでもMFでも超一流
- ※木村和司、中村俊輔など、歴代「日本最強のMF」が背負った「マリノスの10番」をひきつぐ

主な所属チームと受賞歴	
チーム	横浜F・マリノスユース→横浜F・マリノス→愛媛FC→横浜F・マリノス
受賞	ベストイレブン（2016年）

スランプ突破のきっかけはクラブの移籍

わかっていてもとめられない、日本最強のドリブラー・齋藤学。だが、横浜F・マリノスでプロになってすぐのころは思うようなプレーができずに、リーグ戦では3年間ゴールなし。結果が出ないことで弱気になり、自分らしいプレーができなくなる、というスランプにおちいってしまった。

「このままではダメだ」。そう考えた齋藤は、みずからJ2・愛媛FCへの移籍を決意。あらためて自分の得意なプレーは何かを見つめなおした。そうしてみがきをかけたのが、一瞬のスピードで相手をぬきさるドリブル。アルゼンチン代表の世界的スーパースター、リオネル・メッシのようだ、と話題になり、「愛媛のメッシ」とよばれるように。得点も14ゴールと結果を出し、1年でマリノスに復帰。いまでは「ハマのメッシ」として恐れられている。

伝説リプレイ

メッシのドリブルを研究し、より背筋をのばす改良をした齋藤。まさにメッシに「学」んだのだ。

細かいボールタッチやスピード、といったプレースタイルがメッシとにている、といわれる齋藤。じつは身長（169センチ）も一緒。どうすれば大きな選手に勝てるのかをイメージして手にしたのが彼らの高速ドリブルなのだ。

※ 木村和司…日本代表でも10番で活躍したフリーキックの名手。くわしくは62ページへ。

53

自信満々な新世代レフティ

小林祐希

未来を見すえて進化するビッグマウス

出身地

東京都東村山市

生年月日

1992年4月24日

身長・体重

182センチ・72キロ

能力パラメータ

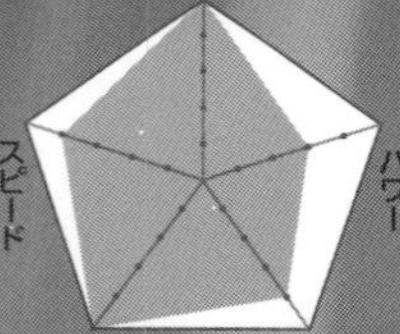

ヒーローの証

- 19歳で東京ヴェルディ最年少キャプテンに
- 司令塔としてジュビロ磐田のＪ１昇格に貢献
- オランダでもチームをまとめるリーダー役に

主な所属チームと受賞歴	チーム 東京ヴェルディユース→東京ヴェルディ→ジュビロ磐田→ヘーレンフェーン（オランダ）

世界を変えるために自分自身を変えた男

「いつか20億円かせぐ男になる」と豪語する〝ビッグマウス〟小林祐希。目標が高く、自分に自信があればこそだが、度がすぎて「自己中心的」になると、チームバランスは悪くなる。ジュビロ磐田にいた2013年、監督に「オレ以外のコーチ、スタッフ、チームメート、サポーターを認めさせて『祐希が必要だ』という声があがるまで、おまえを使わない」といわれてしまい、実際、1試合しか出場できなかった。

だが、この経験があったからこそ、「オレにまかせろ」というプレースタイルから「まわりをいかすオレ」という新たなもち味を獲得。いまやオランダリーグでもチームをまとめる兄貴分的存在だ。もちろん、ビッグマウスはそのまま。「笑われたっていい。バカにされてこそ世界を変えていける」と語る小林が、日本サッカーの未来を変える。

伝説リプレイ

「祐希みたいな選手が何十人も出てくるような日本サッカー界にならないと」と本田先輩も見守る。

ヒーロー伝説延長戦

同じ左きき、強気な言動から「本田圭佑2世」とよばれる小林。本田自身も「若いころの自分とダブる」と語り、期待を寄せる。いっぽうの小林は「オレは本田さんを評価してます」となぜか上から目線。そんなところもにてる!?

54

大島僚太

運動量豊富な新世代ボランチ

♪

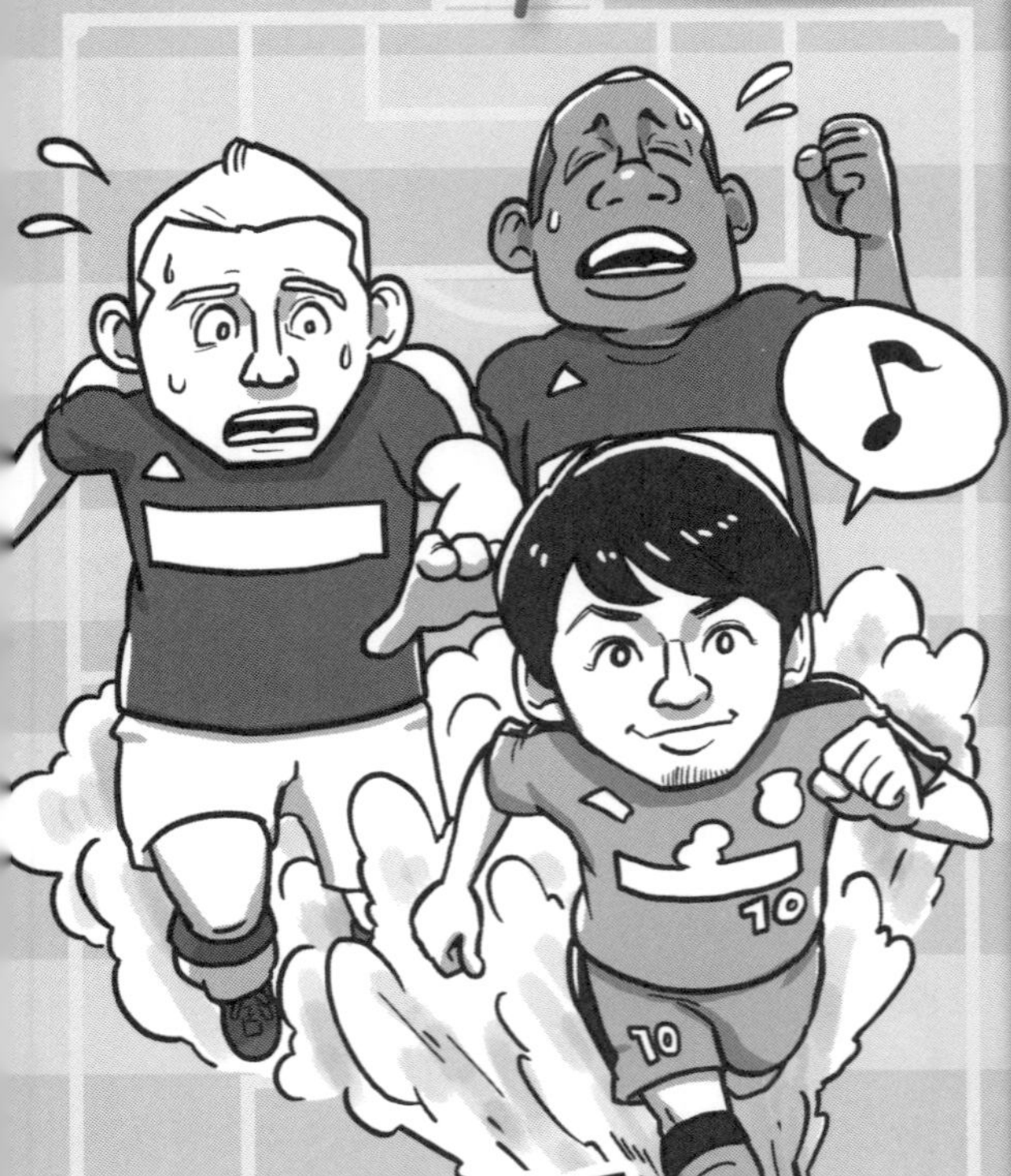

つきないスタミナで敵の攻撃を無力化

ヒーローの証

- スタミナとスピードをかねそなえた走力
- 視野の広さとすぐれたボディバランスに支えられた、抜群のボールテクニック

出身地

静岡県静岡市(旧・清水市)

生年月日

1993年1月23日

身長・体重

168センチ・64キロ

能力パラメータ

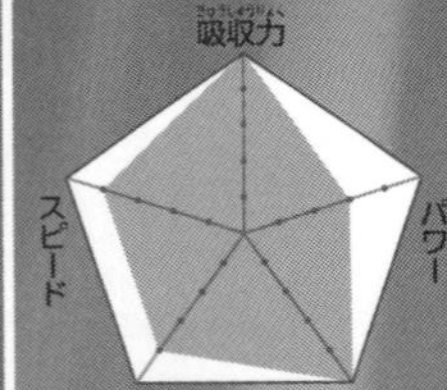

主な所属チームと受賞歴	チーム 静岡学園高校→川崎フロンターレ

盗んだプレーで走りだす小さなボランチの冒険

ピッチのなかで一番小さくても（身長168センチ）、なぜか目立ってしまう。その理由は、ピッチ中央で華麗にボールをさばき、誰よりも豊富な運動量で走りまわるプレースタイルだから。川崎フロンターレで日本人初の背番号10を背負う、大島僚太のことだ。

目標とするのは、同じ背番号10のヒーロー……といっても実際の選手ではなく、サッカー漫画『キャプテン翼』*の主人公・大空翼。翼くんの特技は、相手の技を盗んで自分のものにしてしまうこと。大島も「いろんな選手のよいところを盗みたい」と語り、年をかさねるごとに新たなプレースタイルを身につけている。とくにめざましいのが守備力の向上。ボールをうばう能力を高め、クラブでもリオオリンピック代表でも不動のボランチとして活躍。日本代表でも、存在感はデカくなっている。

伝説リプレイ

フロンターレでの背番号は「10」。これも"翼くん＝10番"だ、とあこがれ、めざしてきた番号なのだ。

ヒーロー伝説延長戦

『キャプテン翼』以外で好きな漫画は『名探偵コナン』。刑事ドラマも大好きで、テレビで放送があれば必ず録画してチェックするほどの"推理好き"。相手のボールをうばう「読みの鋭さ」はその影響!?

※『キャプテン翼』…世界中で読まれ、超一流の選手たちにも影響をあたえたサッカー漫画。現在も続編が続いている。

55

中田浩二

何でもできるイケメン選手

引退

鹿島でも代表でも
スイスでも活躍した王子様

2002 2006

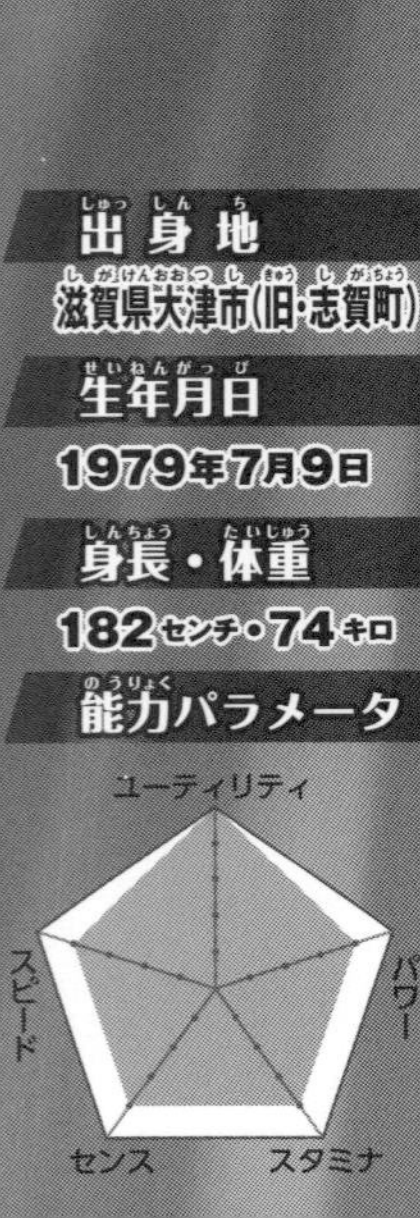

ヒーローの証

- ボランチでもディフェンダーでも超一流
- 常勝・鹿島アントラーズの中心選手として活躍
- スイスリーグでも優勝チームのレギュラーに

出身地
滋賀県大津市(旧・志賀町)

生年月日
1979年7月9日

身長・体重
182センチ・74キロ

能力パラメータ

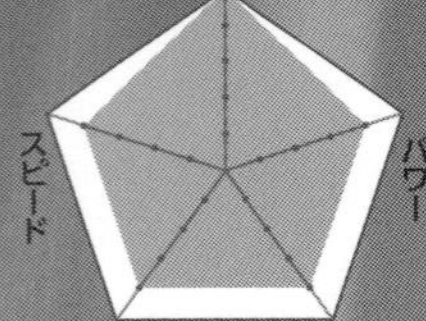

主な所属チームと受賞歴	チーム 帝京高校→鹿島アントラーズ→マルセイユ（フランス）→バーゼル（スイス）→鹿島アントラーズ 受賞 ベストイレブン（2001年）、JリーグカップMVP（2000年）、Jリーグ功労選手賞（2015年）

監督にも仲間にも女性にもモテる男の秘訣

日本代表でも所属クラブでも、中田浩二はボランチ、左サイドバック、センターバックのどこでもこなせる「ユーティリティプレーヤー※」として欠かせない存在だった。1999年のワールドユース選手権では、大会直前にケガをした選手に代わってセンターバックで出場。日本を準優勝にみちびいた。2002年の日韓W杯では左サイドバックのレギュラーとして活躍。2004年のアジア杯ではボランチでプレーし、準決勝と決勝戦で2試合連続ゴール。日本の大会連覇に貢献した。

複数のポジションで結果を残せたのは、左足の正確なキック能力と、どんな監督の要望にもこたえられるサッカー脳力があったから。おまけに、サッカー界屈指のイケメン。「天は二物をあたえず」ということわざがあるが、天は浩二に「二物以上」をあたえたのだ。

伝説リプレイ

将来の夢は「Jリーグチェアマン」と語る浩二。その夢が実現したら、ますますモテちゃう!?

ヒーロー伝説延長戦

3年生で出場した高校サッカー選手権決勝戦は、ボールもろくに見えない大雪のなかで行われた伝説の試合。浩二は「雪の王子様」として人気を博した。ちなみに、引退試合は雨。「水もしたたるいい男」、それが中田浩二だ。

※ユーティリティプレーヤー…「ユーティリティ」は「役に立つ」という意味。いくつものポジションをこなせる選手のこと。

コラム5 日本代表をひきいた男たち その2

初のW杯出場をはたしたものの、本戦では結果を残すことができなかった日本代表。世界の舞台で戦うためには、世界レベルを知る名将たちの知恵と経験が必要だった。

フィリップ・トルシエ

トルシエ監督時代（1998〜2002年）

自国開催で予選が免除される2002年の日韓W杯を控え、新監督にフランス人のフィリップ・トルシエが就任。積極的にチームの若返りをめざした。トルシエ監督は、20歳以下の選手が戦うワールドユース大会、23歳以下の選手が戦う2000年シドニーオリンピックでも監督をつとめ、好成績。トルシエ監督に見いだされた若手選手がそのまま代表の中心になった。基本戦術は「フラットスリー」。DF3人が横一列にならんで積極的に相手にプレッシャーをかける戦い方で、アジア杯優勝。日韓W杯では決勝トーナメント初進出を達成した。

ジーコ監督時代（2002～2006年）

好成績は残したものの、規律がきびしく、選手の不満も多かったトルシエ。そこで、新監督に鹿島アントラーズを強豪にそだてたブラジルの英雄・ジーコ※が就任。「自由」をテーマにチームをつくり、2004年アジア杯は劇的勝利の連続でみごとに優勝。調子に乗ると圧倒的な強さを見せ、「史上最強の日本代表」ともよばれた。だが、海外で活躍する選手ばかりをレギュラーにしている、と国内選手が不満を抱え、チームがバラバラになることも。2006年ドイツW杯本番では、そのチーム状態の悪さが影響し、惨敗に終わってしまう。

オシム～岡田監督（第二次）時代（2006～2010年）

新監督にジェフ千葉を強豪にそだてたイビチャ・オシムが就任。「走りながら考えるサッカー」をテーマに、これまで代表にえらばれなかった選手を多く起用した。だが、チーム改革のとちゅうで病にたおれてしまう。こまったときは、あの男。ふたたび、岡田武史が代表をひきいることに。横浜F・マリノスを優勝にみちびくなど、確かな経験を積んで帰ってきた岡田監督は、アジア予選をみごとに通過。南アフリカW杯本番では、不調だった大黒柱・中村俊輔にかわって本田圭佑を新エースに抜擢。日韓W杯以来のベスト16入りをはたした。

※ジーコ…本名はアルトゥール・アントゥネス・コインブラ。「ジーコ」は「やせっぽち」という意味の愛称。

ザッケローニ監督時代（2010〜2014年）

W杯で過去最高の「ベスト8以上」をめざすため、イタリア・セリエAで優勝経験のある世界的な名将、アルベルト・ザッケローニ監督が就任。セリエAでも結果を出した「攻撃的なサッカー」を日本代表にもとりいれ、アジアでは圧倒的な強さを発揮した。2011年のアジア杯ではみごとに優勝。監督就任から1年以上、16試合連続無敗、という代表記録をつくり、W杯アジア予選も難なく通過した。しかし、肝心の2014年ブラジルW杯本番では、めざしてきた「攻撃的なサッカー」がなぜか影をひそめ、2敗1分に終わってしまった。

アギーレ〜ハリル監督時代（2014年〜）

代表監督として実績のある人を……と、メキシコをW杯ベスト16にみちびいたハビエル・アギーレ監督が就任するも、不正の疑いをもたれ、アルジェリアをW杯ベスト16にみちびいたヴァヒド・ハリルホジッチ監督に交代した。ハリル監督のキーワードは「デュエル」。フランス語で「決闘」の意味で、一対一や、ボールをうばいあう場面で競り負けない心と体の強さを求めた。「現代サッカーはますますはげしさをましている。ファイトしなければ、世界で勝つのはむずかしい」と語るハリル監督のもと、われらが代表はどこまで強くなるだろうか？

第三章 ～難攻不落の守護者たち～

ディフェンダー／ゴールキーパー編

どれほど激しく攻められようと、点をとられなければ、決して負けることはない!! 後方からチームを支え、ゴールを守りきる、たよれる男たちが登場だ！

インテル・ミラノ

走りつづける脚力王 長友佑都

太鼓係から世界一のサイドバックへ

2010 2014

出身地
愛媛県西条市

生年月日
1986年9月12日

身長・体重
170センチ・68キロ

能力パラメータ

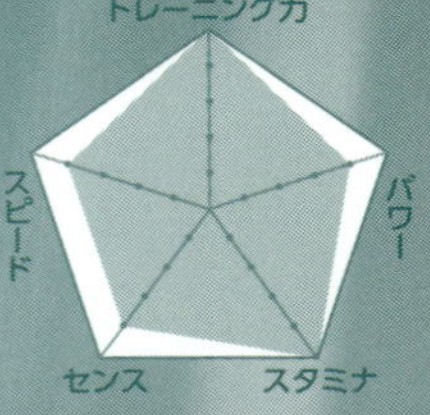

トレーニング力 パワー スタミナ センス スピード

ヒーローの証

- セリエAの名門クラブ、インテル・ミラノでレギュラー&キャプテンとしてプレー
- イタリア人も驚く陽気さでチームのもりあげ役に

主な所属チームと受賞歴	
チーム	明治大学→ＦＣ東京→チェゼーナ（イタリア）→インテル・ミラノ（イタリア）
受賞	ベストイレブン（2009 年）、アジアベストイレブン（2011 年、2012 年）、アジア年間国際最優秀選手賞（2013 年）

スタミナと脚力の秘密はトレーニングと〝祖父〟

「世界一のＳＢになる」と公言し、イタリア・セリエＡで活躍する長友佑都。だが大学時代はじめは、レギュラーどころかベンチにも入れず、応援席での太鼓係。そこからＳＢへのポジション転向をきっかけにレギュラーの座をつかみ、トントン拍子で日本代表へとかけあがったのだ。

そんな長友の武器は、スタミナとスピードが売りの脚力。守備では相手のＦＷを密着マークし、攻撃では試合終盤でもオーバーラップ※をくりかえしてチャンスをうみだす。その脚力は、父方の祖父が元ラガーマン、母方の祖父が元競輪選手という〝祖父ゆずり〟の才能にくわえて、みずからのトレーニングで手に入れたもの。代表一のトレーニングマニアは、筋トレ本やヨガの本を出版するほどで、いまも「世界一」をかなえるため、努力を続けている。

伝説リプレイ

若返り効果もある、といわれるヨガ。代表合宿では「長友先生」によるヨガ教室も開かれている。

ヒーロー伝説延長戦

幼少期に和太鼓を習っていた長友。その経験をいかしたリズムで大学サッカー界では有名になり、鹿島アントラーズのサポーターから「ウチでもたたいてくれ」とスカウトされたほど。太鼓の道でも世界一になれた⁉

※オーバーラップ…守備的なポジションから長い距離を走って、攻撃に参加すること。

横浜F・マリノス

57

日本を守るボンバーヘッド

中澤佑二

"爆発的"スピード出世の日本最強DF

2006 2010

ヒーローの証

- 1対1と空中戦での圧倒的な強さ
- 年をかさねるごとにうまくなる足もとの技術
- 代表出場110試合、J出場500試合以上

出身地

埼玉県吉川市(旧・北葛飾郡)

生年月日

1978年2月25日

身長・体重

187センチ・78キロ

能力パラメータ

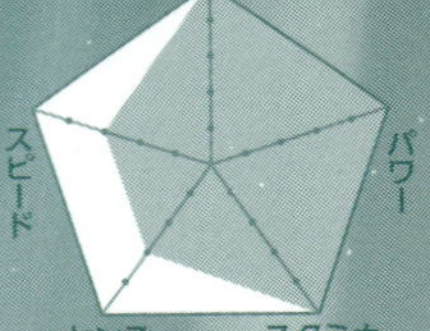

主な所属チームと受賞歴	チーム FCアメリカ（ブラジル）→東京ヴェルディ→横浜F・マリノス 受賞 MVP（2004年）、ベストイレブン（1999年、2003年〜2005年、2008年、2013年）、新人王（1999年）、フェアプレー個人賞（2015年）、アジア杯ベストイレブン（2004年）

無名の練習生※がDF初の栄光をつかむまで

日本サッカー史に残るDF、中澤佑二。彼は小・中・高校とずっと無名選手だった。それでもプロになる夢をあきらめきれず、高校卒業後、アルバイトで貯めたお金で1年間のブラジル・サッカー留学。帰国後、母校サッカー部とヴェルディ川崎ユースチームの練習試合に年齢をごまかして出場し、ゴールを決めたことをきっかけに、練習生での入団にこぎつけたのだ。

さらに1年後の1999年、念願かなってプロ契約を勝ちとると、チームの若返りもあってレギュラーに大抜擢。すると、瞬く間に22歳以下の日本代表にもえらばれてしまう。爆発したようなアフロヘアから「ボンバーヘッド」とよばれて人気者になった中澤は、DFで新人王とベストイレブンを同時受賞した史上初の選手に。練習生からのシンデレラストーリーと話題を集めた。

伝説リプレイ

こんなに目立つヘアスタイルをしておきながら、ふだんは無口ではずかしがり屋だという。本当!?

ヒーロー伝説延長戦

無名だった中澤が「ヘタクソな自分でも目立てるように」とはじめたボンバーヘッド。その頭で決めたヘディングシュートは代表通算17ゴール。DFでは歴代最多得点だ。まさに、記憶にも記録にも残る"頭"となった。

※練習生…チーム練習に参加はできるが給料はもらえない選手。交通費なども自分で払わなければならない。

58

宮本恒靖

チームも守備もまとめる"たよれる男"

ピンチを救い流れを変える"ヒーロー"

2002 2006

出身地
大阪府富田林市

生年月日
1977年2月7日

身長・体重
176センチ・72キロ

能力パラメータ

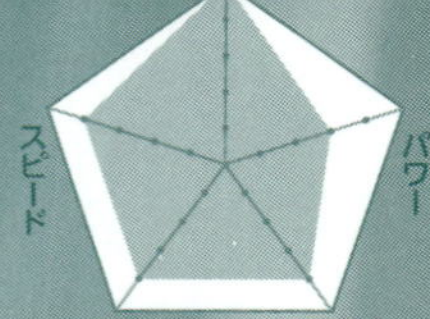

ヒーローの証

- クレバーなプレーと統率力が光る守備
- 外国の審判とも交渉できる語学力
- 代表でもクラブでも海外リーグでもキャプテン

主な所属チームと受賞歴	
チーム	ガンバ大阪ユース→ガンバ大阪→ザルツブルク（オーストリア）→ヴィッセル神戸
受賞	アジア杯ベストイレブン（2004年）、Jリーグ功労選手賞（2015年）

味方に流れをよびよせるキャプテン宮本の交渉力

リーダーに求められるもの。それは味方をまとめる〝統率力〟と、味方を有利にみちびく〝交渉力〟。その両方にすぐれていたのが、すべての年代別代表でキャプテンをつとめた宮本恒靖だ。

2002年の日韓W杯では、当時の代表戦術でDF3人が横一列にならぶ「フラットスリー」の中心として活躍。その後も長く代表守備陣を統率した。

一方の「交渉力」で日本を救ったのが2004年のアジア杯ヨルダン戦。試合はPK戦にもつれこんだが、日本のキッカーは芝生ですべって連続失敗。絶体絶命のピンチを迎えた。ここでキャプテン宮本が「こんなPK戦はフェアではない」と主審に英語で交渉。説得の結果、サイドを変えてPK戦再開という前代未聞の展開に。これで流れとツキをよびよせたのか、日本に奇跡の逆転勝利をもたらしたのだった。

伝説リプレイ

引退後、ヨーロッパで学ぶＦＩＦＡ公式の大学院「ＦＩＦＡマスター」を卒業。サッカー界がほこる秀才だ。

ヒーロー伝説延長戦

さわやかな見た目から「ツネ様」とよばれ、女性人気が高かった宮本。日韓W杯では大会直前に鼻を骨折し、黒いフェイスガードをつけてプレー。「バットマン」とよばれ、男性やちびっ子からも支持を集めるきっかけとなった。

サウサンプトン

日本の新ディフェンスリーダー

吉田麻也

サッカーの母国でも認められた男

2014

出身地

長崎県長崎市

生年月日

1988年8月24日

身長・体重

189センチ・78キロ

能力パラメータ

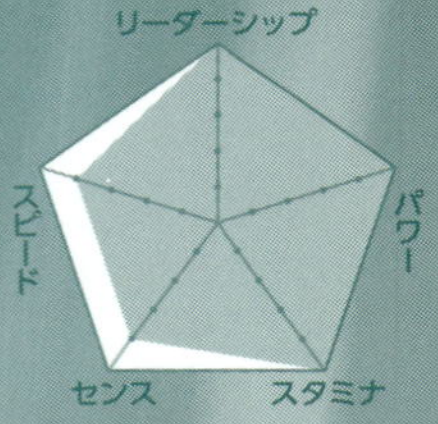

リーダーシップ
パワー
スタミナ
センス
スピード

ヒーローの証

- 日本人初のプレミアリーグ 100 試合出場
- ロンドンオリンピック代表でもキャプテンをつとめ、日本のベスト４進出の立役者に

主な所属チームと受賞歴

チーム 名古屋グランパスユース→名古屋グランパス→VVVフェンロー（オランダ）→サウサンプトン（イングランド）

「リーダー麻也」をうんだ中学1年・春の思い出

サッカーの母国、イングランドのプレミアリーグで、日本人初となるキャプテンをつとめたのが吉田麻也だ。所属クラブ以外に代表でもキャプテンをまかされることが多い麻也。その責任感の源は、中学生のときにさかのぼる。

長崎県でうまれそだった麻也は、たまたま受けた名古屋グランパスのユースチーム選抜テストに合格。中学入学と同時に親元を離れることになった。さすがに中学生に一人暮らしはさせられないと、福岡にいた7歳年上の兄が一緒に住んでくれることに。自分のために引っ越しまでしてくれた兄。そして、家具や電化製品を買いそろえくれた両親の姿に、麻也少年は「絶対にプロにならなければ」と強く決意。自立心と責任感がうまれるきっかけとなったのだ。その責任感の強さで、いまや日本の絶対的ディフェンスリーダーだ。

伝説リプレイ

まかせてください！

リーダー長谷部誠が不在のときには、代表キャプテンをまかされることも。いまや日本の新リーダーだ。

ヒーロー伝説延長戦

2017年のイングランドリーグ杯決勝。名門マンチェースター・ユナイテッドと対戦した麻也は、サウサンプトンのキャプテンとしてプレー。チームは負けてしまったが、大会ベストイレブンにかがやいた。

サンフレッチェ広島

塩谷 司

闘将じこみのディフェンスリーダー

DFなのに強烈なキックを放つ「悪魔の右足」

ヒーローの証

- リオオリンピックにオーバーエイジ枠で出場した「攻守の秘密兵器」
- 3年連続Jリーグ・ベストイレブンの安定感

出身地
徳島県小松島市

生年月日
1988年12月5日

身長・体重
182センチ・78キロ

能力パラメータ

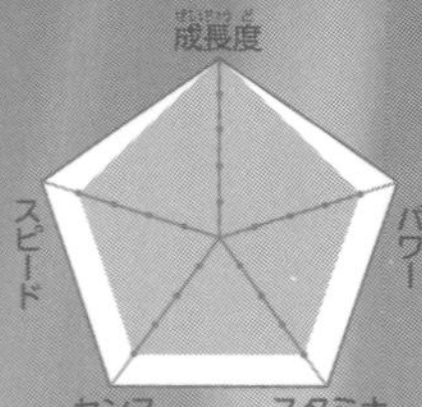

主な所属チームと受賞歴　チーム　国士館大学→水戸ホーリーホック→サンフレッチェ広島　受賞　ベストイレブン（2014年～2016年）

元代表DFとの出会いが新たな代表DFをうんだ

人生には運命の出会いがある。ベストイレブンの常連、塩谷司にとって、それはかつて「闘将」とよばれた元日本代表DF、柱谷哲二との出会いだ。

塩谷が大学4年のとき、コーチとしてやってきた柱谷の助言で、それまでのMFからDFにポジションを変更。きびしい指導を受け、大学生活ではじめてレギュラーの座をつかんだのだ。

ただ、そんな遅咲きの選手にJリーグのどこからもさそいはなく、プロになるのはあきらめていた。だが、大学卒業直前に柱谷コーチがJ2クラブ・水戸ホーリーホックの監督に就任。「おまえも来るか？」とさそわれてJリーガーになれたのだ。闘将じこみの守備力と統率力で、すぐに水戸のディフェンスリーダーへと成長した塩谷。J1への移籍、そして日本代表へとのぼりつめるまでに時間はかからなかった。

伝説リプレイ

2017年夏には中東の強豪・アルアインにさそわれ、移籍を決めた塩谷。ステップアップはとまらない！

ヒーロー伝説延長戦

左右両足の正確なキックが塩谷の武器。なかでも右足でのキックは、「悪魔の左足」をもつ本田圭佑以上ともいわれ、「悪魔の右足」として恐れられている。相手キックをそのまま打ちかえしてゴールを決めたこともある。

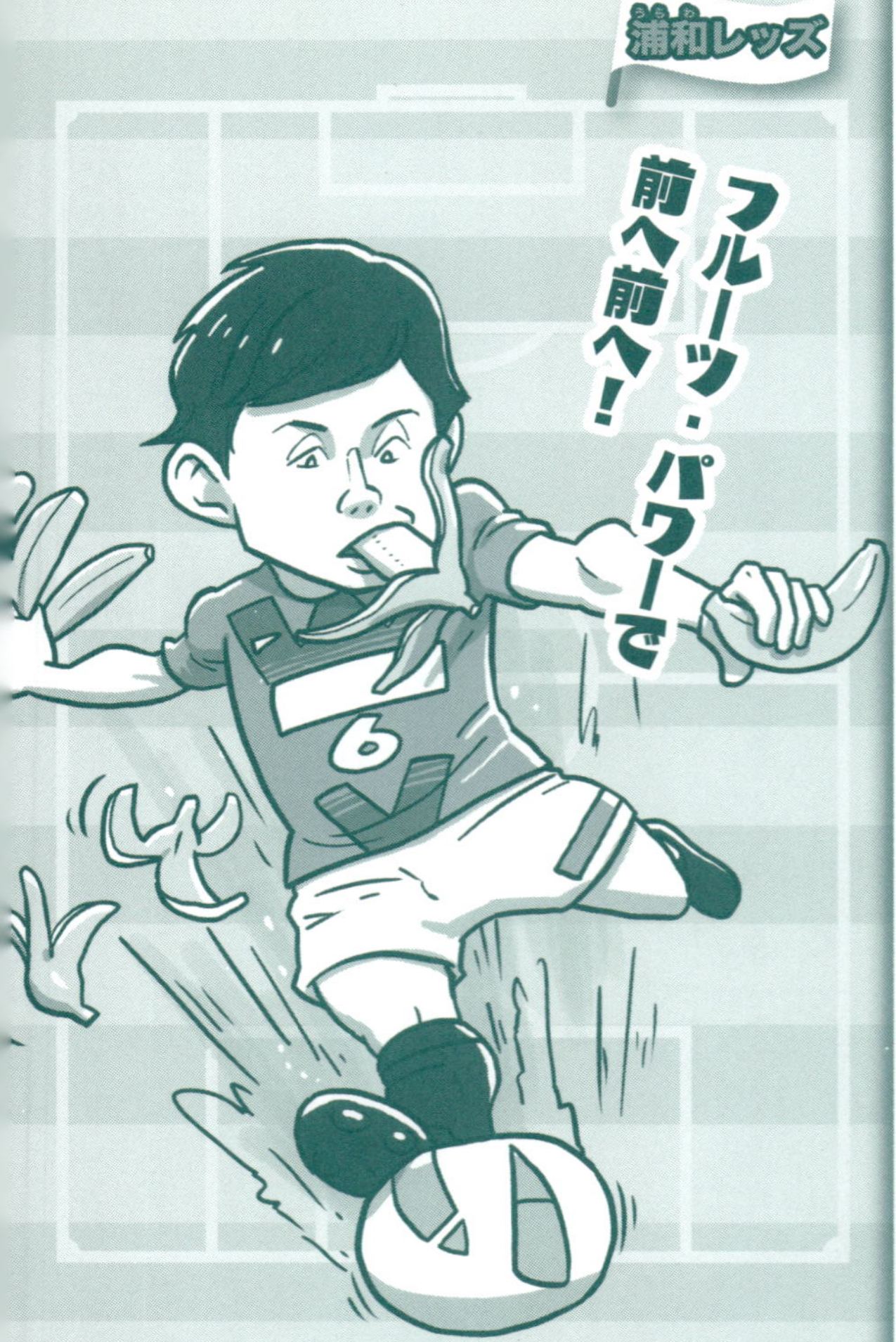

遠藤航

二歩、三歩先を読むディフェンス

フルーツ・パワーで前へ前へ前へ！

出身地
神奈川県横浜市

生年月日
1993年2月9日

身長・体重
178センチ・75キロ

能力パラメータ

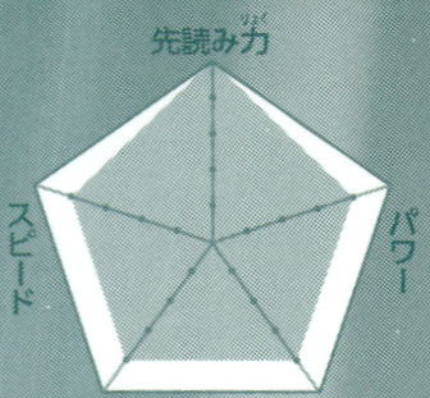

ヒーローの証

- リオオリンピック代表のキャプテン
- 強豪・浦和レッズの若きディフェンスリーダー
- 攻撃のリズムをつくるすばやい縦パス

主な所属チームと受賞歴	チーム　湘南ベルマーレユース→湘南ベルマーレ→浦和レッズ

冷静&縦パスが武器の〝おじいちゃん〟DF

浦和レッズの若きディフェンスリーダー、遠藤航。身長178センチ。大柄な選手が多いDFでは小さいほうだ。それでも日本代表になれたのは、相手FWとの一対一に強いから。そして、つねに冷静で二歩、三歩先を読む頭を使ったディフェンスをしているから。その冷静さ、あまりの落ちつきぶりから、20代前半にもかかわらず「おじいちゃん」とよばれることもある。

遠藤のもうひとつの武器は、流れを変える正確な縦パス。空いたスペースを見のがさず、すばやくおくる縦パスは、いまやレッズの攻撃に欠かせない。

リオオリンピックではキャプテンもつとめた遠藤。その大会前に長男がうまれた。遠藤の将来の夢は、その子と同じピッチに立つため、40歳近くまで現役を続けることだ。おじいちゃ……じゃなく、お父さんがんばって！

伝説リプレイ

クラブではセンターバック、代表ではボランチ。ちがう役割を求められても冷静に対応できるのだ。

「おじいちゃん」遠藤航のもうひとつのあだ名は「フルーツ王子」。毎朝バナナを欠かさず、旬の果物にも目がない。ちなみに、自分をフルーツにたとえると「スイカ」。夏の果物の王様のようにどっしりと安定した守備が自慢だ。

ミスター・パフォーマンス 槙野智章

調子乗り世代のディフェンスリーダー

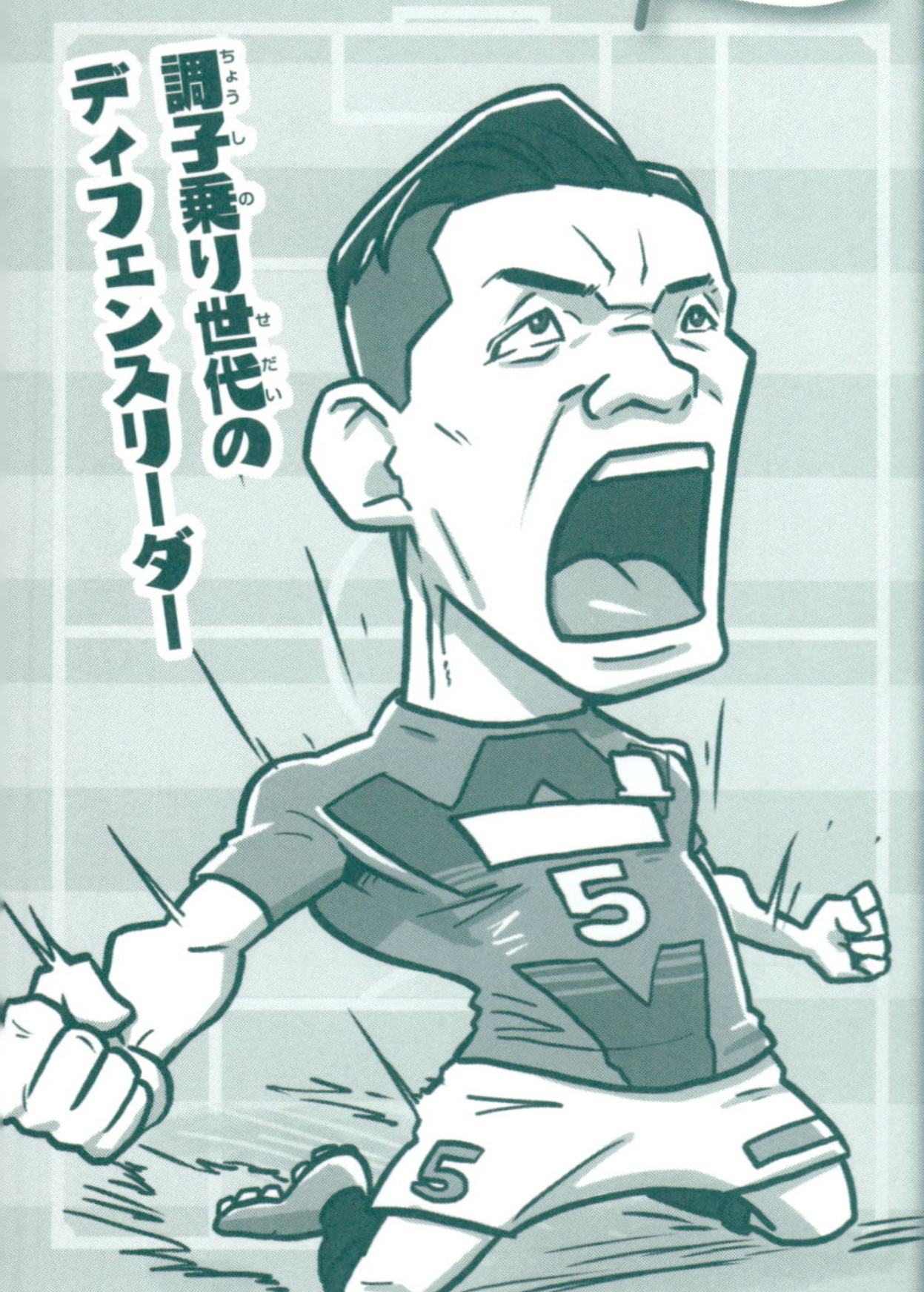

出身地

広島県広島市

生年月日

1987年5月11日

身長・体重

182センチ・77キロ

能力パラメータ

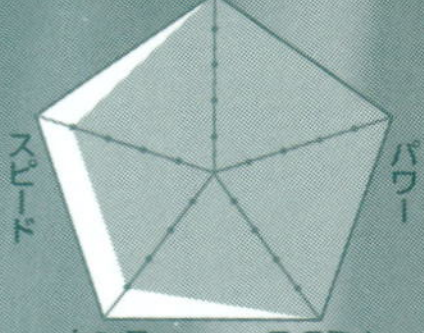

ヒーローの証

- 高い身体能力と闘争心で一対一に強い
- 攻撃参加も好きな「DFW」
- 練習もファンサービスもいつもフルスロットル

主な所属チームと受賞歴	
チーム	サンフレッチェ広島ユース→サンフレッチェ広島→ケルン（ドイツ）→浦和レッズ
受賞	ベストイレブン（2010年、2015年、2016年）、フェアプレー個人賞（2010年）

サッカー界をもりあげる「槙野劇場」きょうも開演

「プレー以外でもサッカーを楽しんでほしい」。そんな思いから、ゴールを決めたあとのパフォーマンスをはじめ、さまざまなアイデアでクラブ、代表、Jリーグをもりあげるのが槙野智章だ。

サンフレッチェ広島時代、はじめのころはクラブの象徴でもある弓矢を射るパフォーマンスを行っていたが、やがてそれはチームメートを巻きこみ、「だるまさんが転んだ」「オーケストラ」「魚釣り」など大掛かりなものへ。「サンフレッチェ劇場」として人気を集めた。2007年の20歳以下のW杯では、得点のたびにチームメートとともにさまざまなパフォーマンスをくりひろげ、海外でも話題となった。

もちろんプレーでも目立ちたい槙野は、DFでありながら、すすんで攻撃参加。みずから、DFだけどFWの役割もこなす「DFW」と名乗っている。

伝説リプレイ

オーケストラ・パフォーマンスの指揮者役は、ゴールを決めた選手。槙野の出番は、活躍しだい!?

ヒーロー伝説延長戦

「おまえのきき足は“声”だ」といわれるほど、大きな声も特徴。その声量を認められ、中学時代にFWからDFにコンバート。ピッチのうしろからよく通る声でチームをもりあげた。その的確なコーチングには評価も高い。

鹿島アントラーズ

昌子 源

おくれてきたプラチナ世代

「世界のクリ・ロナ」とわたりあった男

出身地
兵庫県神戸市

生年月日
1992年12月11日

身長・体重
182センチ・74キロ

能力パラメータ

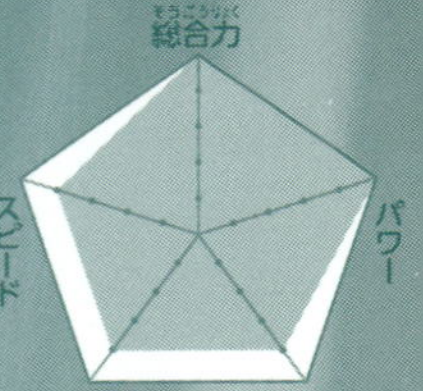

ヒーローの証

- 足もとの技術、一対一の強さ、カバーリング、空中戦と、総合力にすぐれたセンターバック
- 強豪・鹿島アントラーズのディフェンスリーダー

主な所属チームと受賞歴
チーム 米子北高校→鹿島アントラーズ
受賞 ベストイレブン（2016年）

地道な努力をかさね世界への階段をのぼる

いま、「世界最高のFW」といえば、スペインのレアル・マドリードでプレーするクリスティアーノ・ロナウド。この怪物FWと一対一でわたりあったのが鹿島アントラーズのセンターバック、昌子源だ。1992年うまれで、柴崎岳や宇佐美貴史ら才能豊かな選手が多い「プラチナ世代」の一員だが、彼らのように10代前半から年代別代表にえらばれたことはなかった。

鹿島入団後も、控えの期間が長かった昌子。レギュラーになるまで4年かかった。だが、レベルの高いクラブで地道に努力をかさねたことで、もともと評価されていたスピードや足もとの技術にくわえ、パワーや空中戦の強さもアップ。2016年、はじめてベストイレブンにかがやき、クラブW杯決勝という大舞台で「世界のクリ・ロナ」ともわたりあえる力を身につけたのだ。

伝説リプレイ

海外でも「ヨーロッパクラブからオファーが来そう」と絶賛された昌子の守備。移籍ももうすぐ!?

ヒーロー伝説延長戦
鹿島アントラーズの「背番号3」は、2度のW杯に出場した秋田豊、同じく、W杯出場経験のある岩政大樹ら、日本を代表するDFが受けついできた由緒ある背番号。現・3番の昌子にも、その伝統をつなぐ義務がある。

※クリスティアーノ・ロナウド…「クリ・ロナ」の愛称でよばれる世界最強FW。ポルトガル代表でも活躍。
※岩政大樹…ベストイレブンに3回えらばれ、2010年W杯代表にもなったDF。中学・高校の先生の資格ももっている。

太田宏介

「代表左サイド」の流れを受けつぐ男

FC東京

サイドからのアシスト・マスター

出身地
東京都町田市

生年月日
1987年7月23日

身長・体重
178センチ・78キロ

能力パラメータ

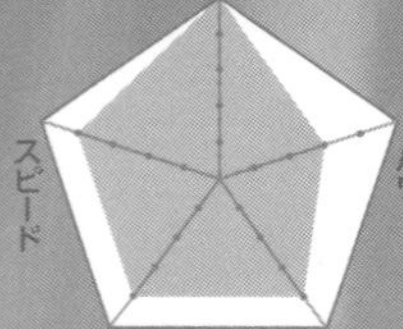

ヒーローの証

- チャンスをつくる正確なピンポイントクロス
- Ｊリーグ史上初、ＤＦ登録選手なのに２年連続二桁アシスト

主な所属チームと受賞歴	**チーム** 麻布大学附属渕野辺高校→横浜ＦＣ→清水エスパルス→ＦＣ東京→フィテッセ（オランダ）→ＦＣ東京　**受賞** ベストイレブン（2014年、2015年）、フェアプレー個人賞（2011年）

ふたりの元代表がそだてた新世代サイドバック

２００６年、横浜ＦＣのＤＦとして始まった太田宏介のプロ生活。だが、１年目はまるで出場機会はなく、２年目も出番は少なかった。そんな太田の運命を変えたのが、左サイドで活躍したふたりの元日本代表だ。２００７年夏、フリーキックの名手として知られる三浦淳宏がチームに加入。あこがれの選手だった三浦に、体のケアからフリーキックの蹴り方までじかに教わった。

そしてもうひとりが、２００８年に新監督に就任した都並敏史。現役時代、「狂気の左サイドバック」とよばれ、日本代表で15年も活躍したレジェンドだ。そんな監督から、チームの全体練習のあと、マンツーマンのいのこり特訓を受けた太田は一気にレベルアップ。左足から放たれる精度の高いクロス※とフリーキックが売りの「左サイドのスペシャリスト」としてブレイクしたのだ。

伝説リプレイ

三浦から教わった「自信と過信は紙一重」という言葉をとくに大事にして、毎日をすごしている。

ヒーロー伝説延長戦

Ｊリーグが企画したYouTube動画で、太田は人気サッカー漫画『キャプテン翼』に登場する必殺技「カミソリシュート」に挑戦。大きくするどくまがるこのシュートをみごと再現し、プロのすごさを見せつけた。

※クロス…サイドからゴール前にあげるパス（センタリング）のこと。

FC東京

高精度のフリーキックをくりだすセンターバック

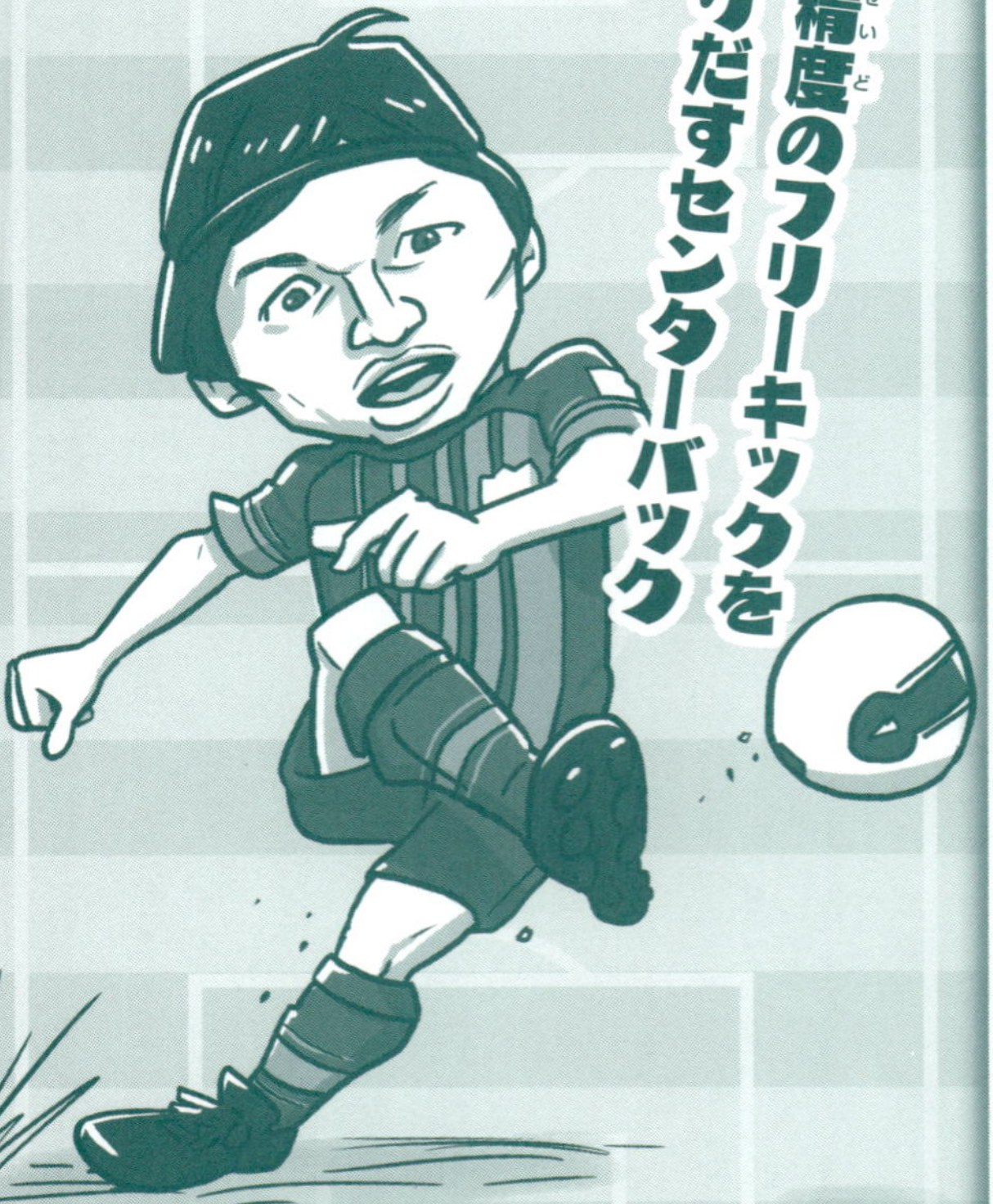

65

万能の守備職人

森重 真人

出身地

広島県広島市

生年月日

1987年5月21日

身長・体重

183センチ・76キロ

能力パラメータ

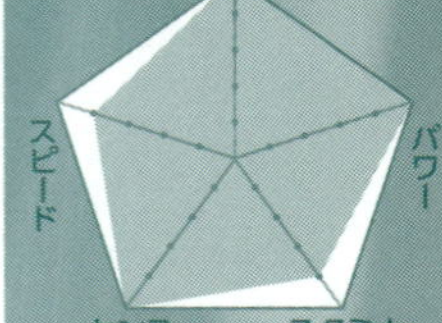

ヒーローの証

- フリーキッカーもまかされる足もとの技術
- サッカーを始めたときはGK。そこからFW、ボランチを経験し、DFとなった〝なんでも屋〟

主な所属チームと受賞歴 チーム 広島皆実高校→大分トリニータ→FC東京　受賞 ベストイレブン（2013年～2016年）

「カードコレクター」の目をさました恩師の言葉

2010年にFC東京に移籍した森重真人。この年、彼は「カードコレクター」とよばれた。結果が出ないあせりからラフプレーを連発し、イエロー※カードを何枚ももらったからだ。森重の調子と合わせるように、チームもJ2に降格してしまう。そんな森重の目をさましたのが、小学校時代の恩師からもらった、きびしい言葉だった。

「あんなプレーするな。子どもたちに『先輩ががんばってるよ』といえん」

ファウルの多さは、体力でおとる相手に無理をして食らいつこうとするからでもあった。翌年、森重は全体練習後に地道な足腰のトレーニングを始める。するとカードの枚数は一気に減り、チームもJ1に昇格。努力が認められてキャプテンをまかされるようにもなり、2013年からは毎年、ベストイレブンにえらばれるほどに成長した。

伝説リプレイ

代表でもキャプテンをつとめたことがある森重。まわりからの注目と信頼が、彼を成長させる。

ヒーロー伝説延長戦
代表DFの座を争う槙野智章とは小学生時代からのライバル。ともに広島県広島市出身で1987年5月うまれ。サンフレッチェ広島ジュニアユースではDF、ではなくFWのポジションを競いあった、奇妙な縁をもつふたりなのだ。

※イエローカード…1試合でイエローカードを2枚もらうとレッドカードを出されて退場になる。リーグ戦で合計4枚もらうと、次の試合に出られなくなる。

コラム6 サッカーヒーロー第2の人生

あの人気解説者も名監督も、かつてはみんなスター選手だった。サッカー選手の現役時代は短い。だからこそ、引退してから、どうサッカーとむきあうかも重要なのだ。

お茶の間で人気の解説者も元をたどればスター選手

現役を引退したサッカー選手には、その後もさまざまな形でサッカーとかかわる人が多い。たとえば「解説者」も、そうした人たちだ。日本代表の試合でよく怒っている白髪の「セルジオさん」ことセルジオ越後は、ブラジル出身で若いころにはブラジル代表候補にもなったスゴイ人。現役引退後、日本全国でサッカー教室を約40年も開催。教え子は60万人以上もいる。

そのセルジオさんの横に座り、元気だけどうるさい解説をしがちなのが「松木さん」こと松木安太郎。じつは元日本代表DFで、引退後、監督としてもヴェルディ川崎をJ

リーグ初代王者にみちびいた、名将なのだ。

　ほかにも、テレビでよく見る福田正博、武田修宏、北澤豪、澤登正朗といった解説者たちは全員、元日本代表選手。彼らの共通点は、1993年、Jリーグが誕生したときに活躍した「元祖Jスター」であること。また、勝てば日本初のW杯出場が決まる試合で、最後のロスタイムに同点においつかれてしまった「ドーハの悲劇」を体験した人たちでもある。日本サッカーの苦しい時代も、空前のブームも知っていることが、解説でもいかされているのだ。

専門知識や戦術で勝負する「S級」の職人たち

引退後に進む道といえば、監督やコーチといった「指導者」への道もある。

　優勝監督の経験もあるガンバ大阪・長谷川健太監督やサンフレッチェ広島・森保一監督、J2のクラブをひきいることが多い、V・ファーレン長崎の高木琢也監督なども「ドーハの悲劇」組。もちろん、そのあとの世代からも、J3のガイナーレ鳥取・森岡隆三監督など、Jリーグで活躍した「元選手」たちが、どんどん登場している。

　彼らは、元有名選手だから監督になれたわけではない。サッカーの最新戦術を学ぶために海外やJリーグクラブで研修を受け、作文提出も必要な「S級ライセンス」※という資格をもっていなければならない。監督に求められるのは、元スターであることよりも、豊富な戦術や専門知識なのだ。

※S級ライセンス…サッカーの指導者資格はS、A～D級とランク分けされていて、Jリーグで監督をするにはS級が必要。A級をもっている人だけがS級試験を受けることができる。

66

あふれる『才能』と『日本愛』

酒井高徳

ハンブルガーSV
日本とドイツ、
ふたつの魂をあわせもつ！
24
2014

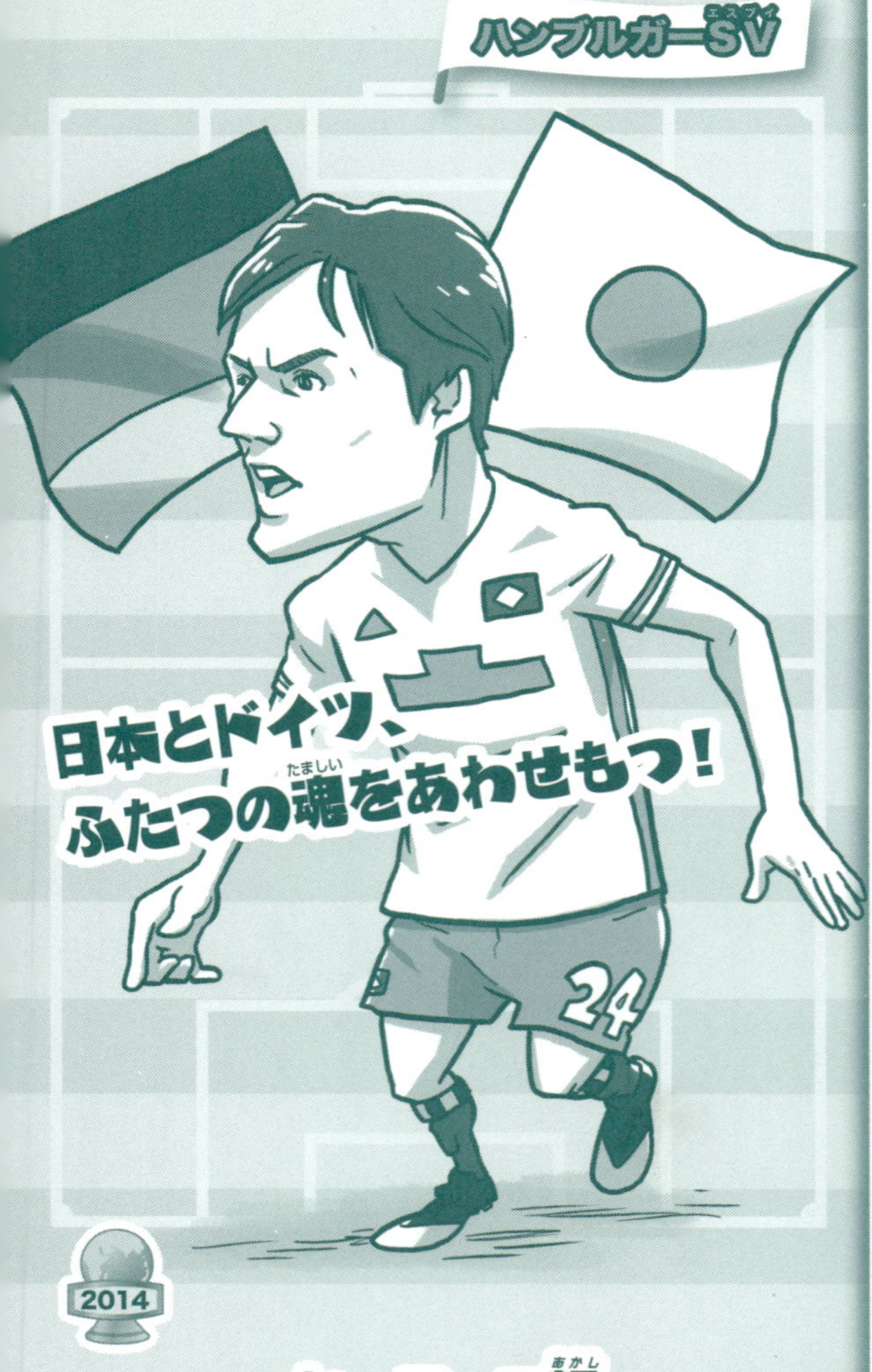

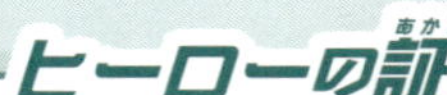

出身地
アメリカ・ニューヨーク

生年月日
1991年3月14日

身長・体重
176センチ・74キロ

能力パラメータ

日本愛
パワー
スタミナ
センス
スピード

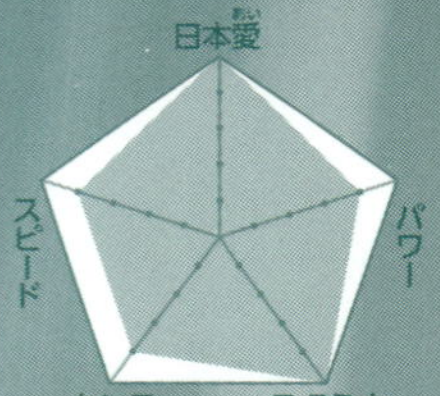

ヒーローの証

- 左右どちらのサイドバックもこなせる柔軟性
- ドイツ・ブンデスリーガでもものおじしない度胸と、試合中の冷静な判断力

主な所属チームと受賞歴	チーム アルビレックス新潟ユース→アルビレックス新潟→シュトゥットガルト（ドイツ）→ハンブルガーＳＶ（ドイツ）

強豪、ドイツ代表よりも日本代表をえらんだ男

父は日本人で、母はドイツ人。アメリカ・ニューヨークうまれで、そだったのは新潟県。国際色豊かな経歴をもつ酒井高徳は、アルビレックス新潟でプロデビューしたあと、20歳の若さでドイツのブンデスリーガに移籍。左右どちらのサイドバックもこなせる柔軟性を武器にすぐに活躍した。すると、「彼はドイツ代表になるべき選手だ」という議論が起きた。ドイツ人の母をもつ高徳には、確かにその資格があった。

ドイツ代表にえらばれるチャンスなんて、宝くじの一等が当たるよりも少ないこと。だが、高徳は「ずっと日本代表をめざしてきた」と、迷うことなく日本サッカーのためにプレーすることをえらんだ。そんな彼の日本代表デビュー戦は故郷・新潟で行われた試合。地元出身の英雄の登場に、スタジアムは大きな拍手と歓声でつつまれた。

伝説リプレイ

ハンブルガーＳＶではキャプテンもまかされている高徳。ドイツでの評価の高さと信頼感は本物だ。

ヒーロー伝説延長戦

高徳がサッカーを本格的に始めたのは10歳のときとかなりおそい。それでも成功できたのは、もってうまれた運動神経も大きな要因。その証拠に、兄は柔道家。弟ふたりはどちらもＪリーガーというスポーツ万能4兄弟なのだ。

ドイツ代表…強豪として知られ、西ドイツ時代もふくめると、W杯優勝4回、準優勝4回を数える。

マルセイユ
右サイドからの
必殺クロスで
チャンスを演出
2014

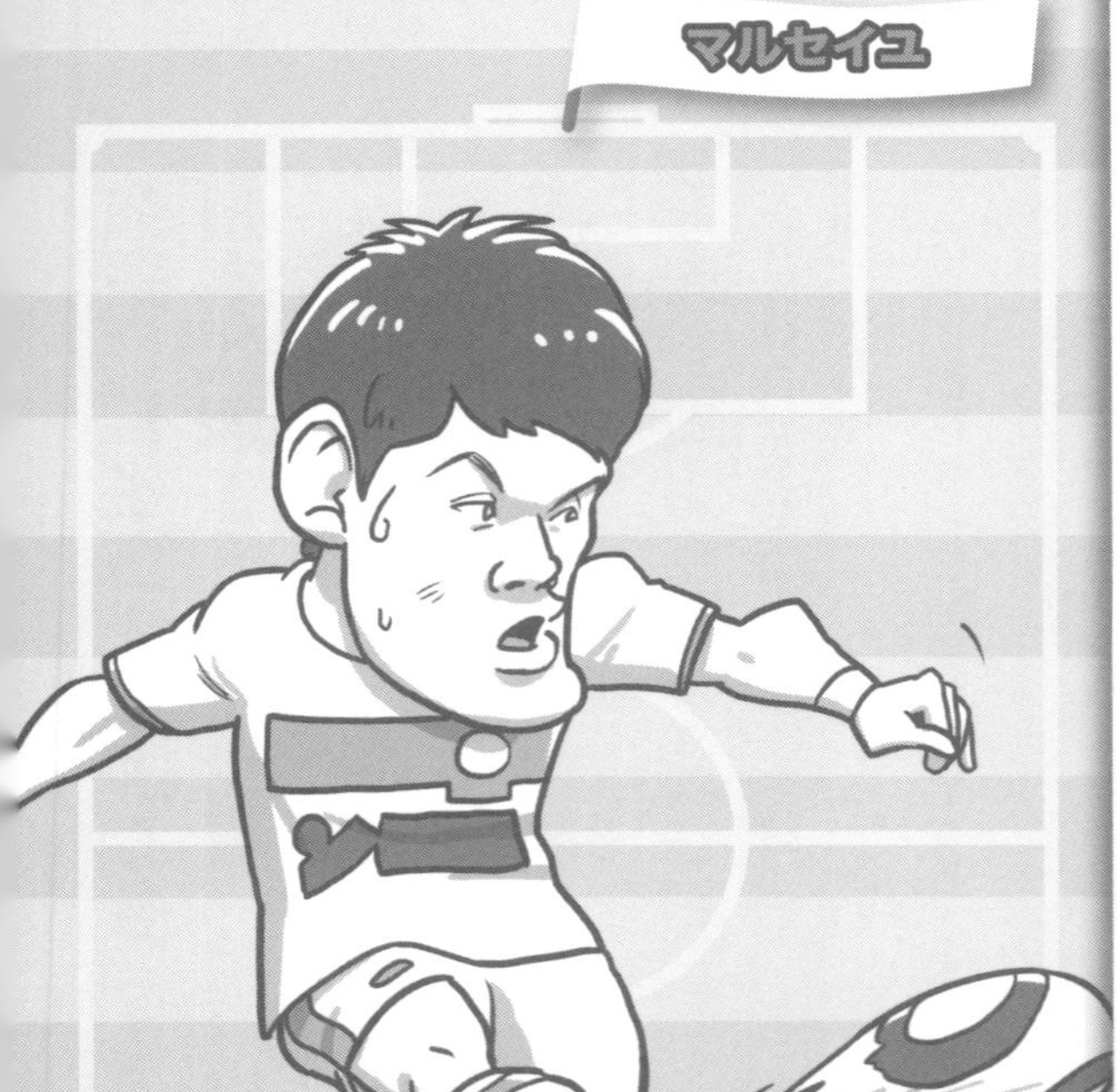

67 日本待望の大型サイドバック 酒井宏樹

出身地
長野県中野市

生年月日
1990年4月12日

身長・体重
185センチ・70キロ

能力パラメータ

高速クロス
パワー
スタミナ
センス
スピード

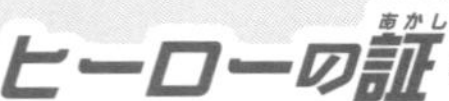

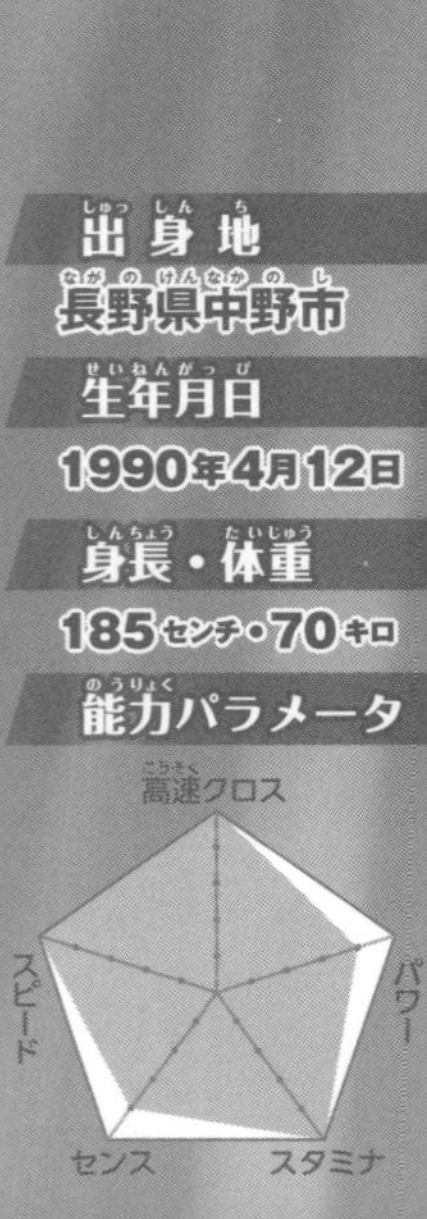

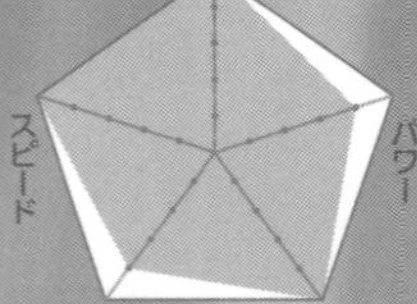

ヒーローの証

- 日本ではめずらしい高身長のサイドバック
- 状況判断、動作、ボールスピードのすべてがすばやい

主な所属チームと受賞歴	
チーム	柏レイソルユース→柏レイソル→ハノーファー（ドイツ）→マルセイユ（フランス）
受賞	ベストイレブン（2011年）、ベストヤングプレーヤー賞（2011年）

「高速クロス」で勝ちとった世界レベルへの高速出世

身長185センチの酒井宏樹。これほどの大型SBは、いままで日本にはいなかった。この身長なら、FWかセンターバックで起用されることがほとんどだからだ。実際、柏レイソルでデビューしたときはセンターバックでのプレーが多かった。

SBになったきっかけは、プロ3年目の2011年。開幕直後に起きた東日本大震災で、リーグは約1か月中断。この期間に、柏のネルシーニョ監督のひらめきでSBにポジションチェンジされたのだ。じつは監督も現役時代はSBの選手。その教えを受けた酒井は、中断期間が明けると「高速クロス」が武器のSBとして一気にブレイク。この年、柏のJ1優勝に貢献し、ベストイレブンとベストヤングプレーヤー賞を同時受賞。翌年には日本代表入りとドイツリーグへの移籍もはたしたのだ。

伝説リプレイ

DFには、敵のFKのときに「壁」としてゴール前に立つ役目もある。大きいことはりっぱな才能だ。

ヒーロー伝説延長戦
2011年、J1優勝した柏レイソルは、クラブ世界一を決めるFIFAクラブW杯にも出場。この大会で活躍した酒井は、FIFAがえらぶ「2012年注目の若手選手13人」として紹介され、世界から注目される選手となった。

幸運の"守り神"

今野 泰幸

謙虚でまじめな愛されキャラ

出身地

宮城県仙台市

生年月日

1983年1月25日

身長・体重

178センチ・73キロ

能力パラメータ

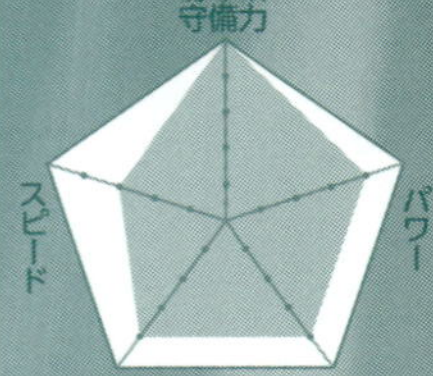

ヒーローの証

- ボランチ、サイドバック、センターバックと、守備ポジションならどこでも活躍
- カバーリングも一対一もどちらも高レベル

主な所属チームと受賞歴

チーム 東北高校→コンサドーレ札幌→ＦＣ東京→ガンバ大阪

小さな運をつかみつづけた守備のスペシャリスト

「将来はタクシー運転手になりたい」

中学の卒業文集にこう記したのは、守備的なポジションならどこでも高い次元でプレーする今野泰幸。歴代の代表監督がその価値を認めた男は、じつはずっと無名の存在だった。高校でもはじめは球拾い。それでも練習を続けていると、ある日の試合でＤＦの選手が負傷。たまたま監督のとなりにいた今野に「おまえ出ろ」と白羽の矢が立ったのだ。それまで中盤の経験しかなかった今野がはじめてＤＦでプレー。守備のスペシャリストはこうして誕生した。

高校卒業後は社会人チームに入る予定だったが、偶然にもコンサドーレ札幌・岡田武史監督の目にとまって入団が決定。２０１０年、その岡田監督のもと、今野ははじめてのＷ杯に出場。その後も、代表に欠かせない男として、サッカー少年があこがれる存在だ。

伝説リプレイ

守備のスペシャリストでありながら、ここぞの場面では得点力も求められる、代表一の働き者だ。

ヒーロー伝説延長戦

チームではいつもいじられ役。南アフリカW杯からの帰国会見で、岡田監督から「今野が何かいいたいそうです」と無茶ぶりされると、「あつまれぇー!!」と闘莉王のモノマネをして会場は大爆笑。強心臓ぶりを発揮した。

69

両サイドのスペシャリスト
駒野友一

アビスパ福岡

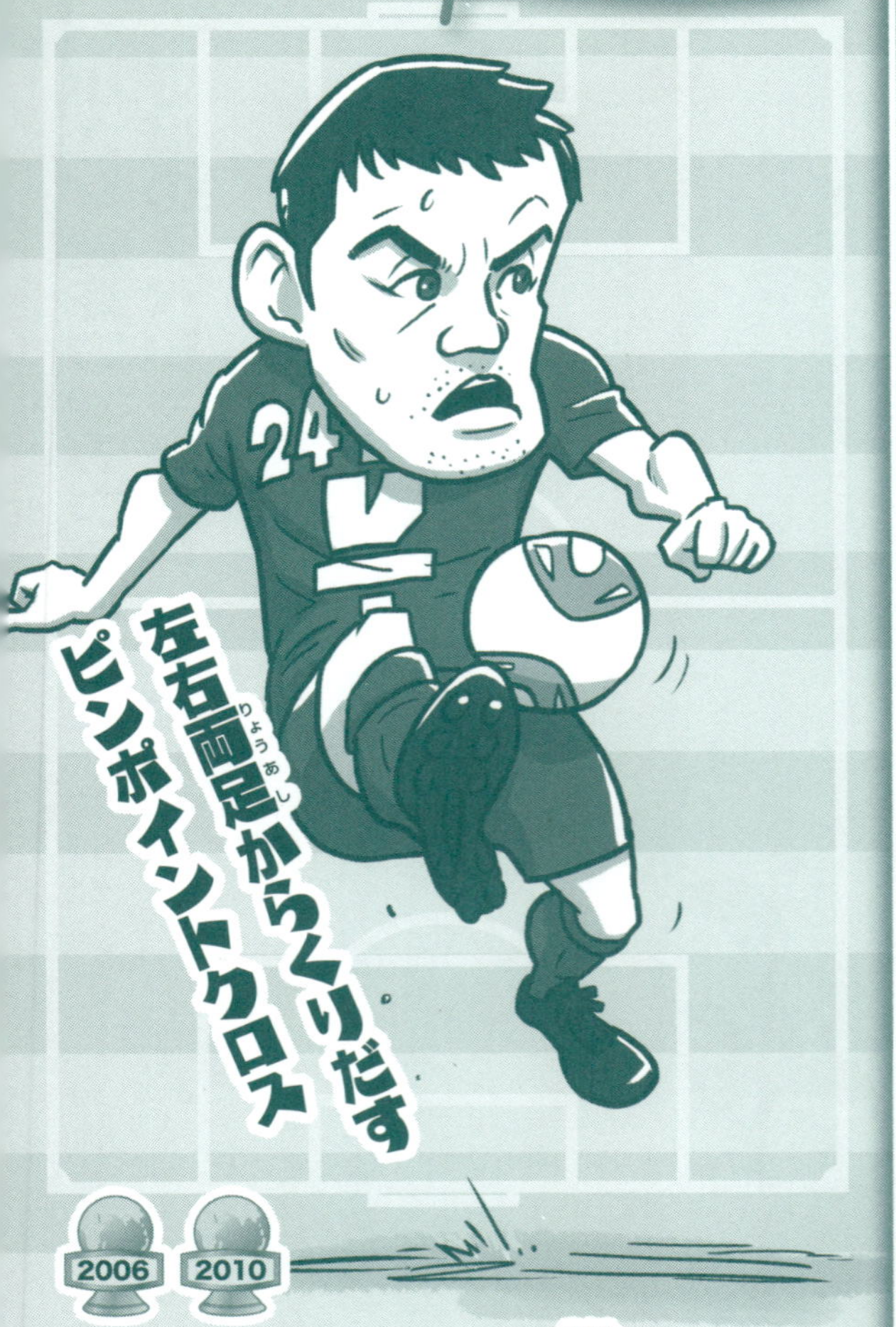

24
左右両足からくりだすピンポイントクロス
2006
2010

出身地
和歌山県海南市

生年月日
1981年7月25日

身長・体重
172センチ・72キロ

能力パラメータ

センタリング
パワー
スタミナ
センス
スピード

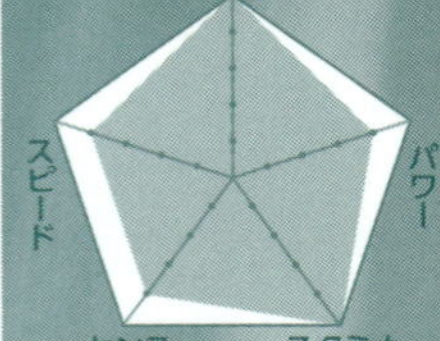

ヒーローの証

- 2011年Jリーグアシスト王
- 二度のW杯で、代表スタメンとして活躍
- サッカー雑誌企画の「クロスボール部門」1位

主な所属チームと受賞歴	**チーム** サンフレッチェ広島ユース→サンフレッチェ広島→ジュビロ磐田→FC東京→アビスパ福岡　**受賞** ベストイレブン（2012年）

ボロボロに光るボールで代表でもかがやいた男

SBの選手に求められるのは、何といっても正確なクロス、つまりセンタリングだ。だからこそ、右ききの選手は右サイド、左ききの選手は左サイドをまかされ、「専門性」をつきつめていくことが多い。だが、駒野友一は日本代表レベルであっても、左右どちらのSBもこなしてしまう「両足のスペシャリスト」だ。

左右どちらでも正確に蹴ることができるのは、もちろん小さなころからの努力の結晶。小学校時代のサッカークラブでは、入部するときにサッカーボールがプレゼントされたが、卒業するときに一番ボロボロだったのが駒野のボール。ただ、誰よりも大事に使い毎日手入れを欠かさなかったので、「ボロボロなのに、かがやくように手入れされたボールだった」という。一流選手ほど、道具を大事にする証でもあるのだ。

伝説リプレイ

「ライバルは自分自身」という駒野。ボールを味方に、自分とむきあうことが成長の秘訣なのだ。

ヒーロー伝説延長戦

駒野が中学3年生のときに父親は病で帰らぬ人に。姉と弟の3人きょうだいを女手ひとつでそだててくれた母に楽をさせてあげたいと、18歳から実家にしおくりを続け、弟の大学4年間の学費を全額負担。家族思いでも有名なのだ。

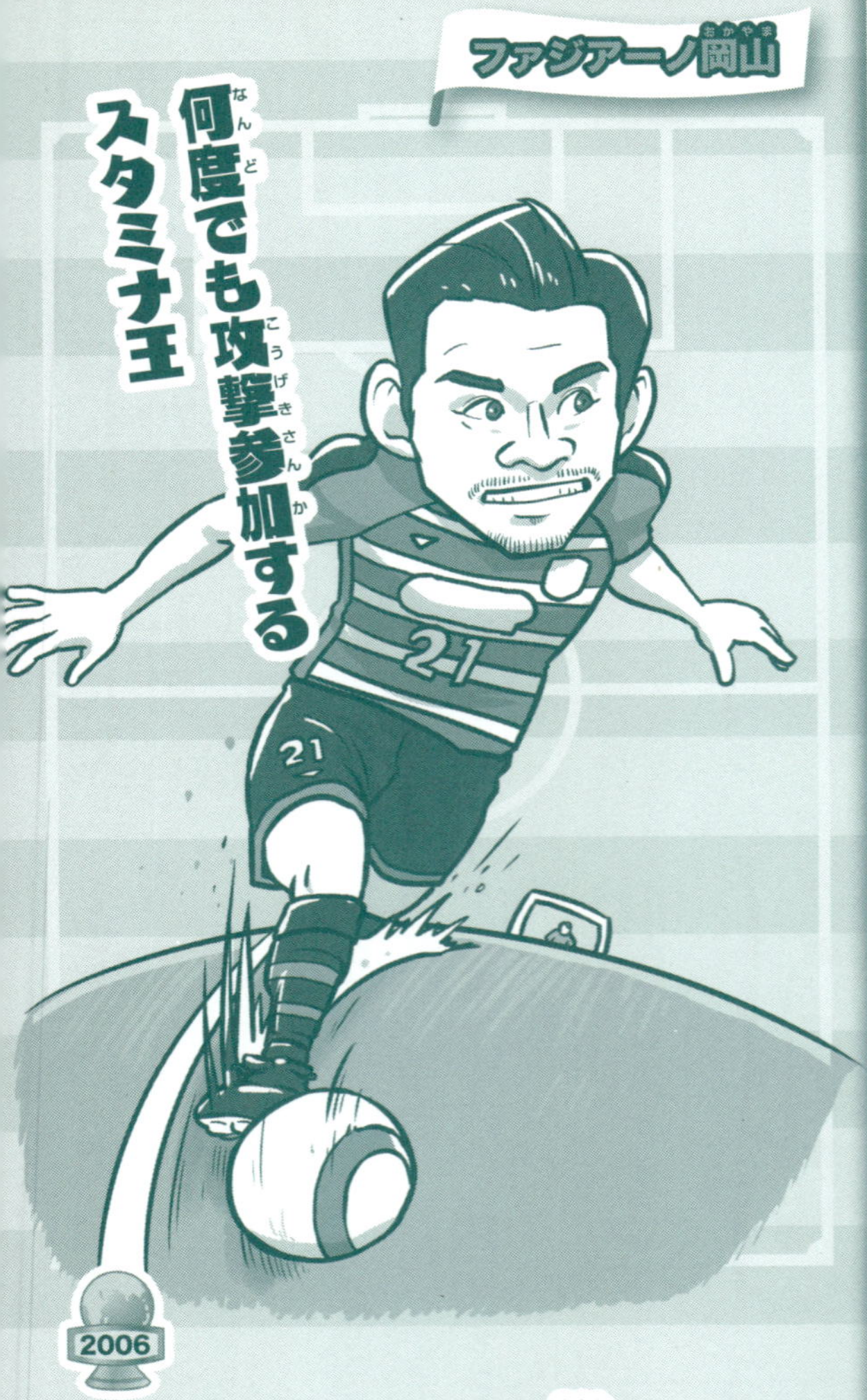

ファジアーノ岡山
何度でも攻撃参加する
スタミナ王
2006

70

加地亮

日本の右サイドを支配した男

出身地
兵庫県南あわじ市(旧・西淡町)

生年月日
1980年1月13日

身長・体重
177センチ・75キロ

能力パラメータ

練習量
パワー
スタミナ
センス
スピード

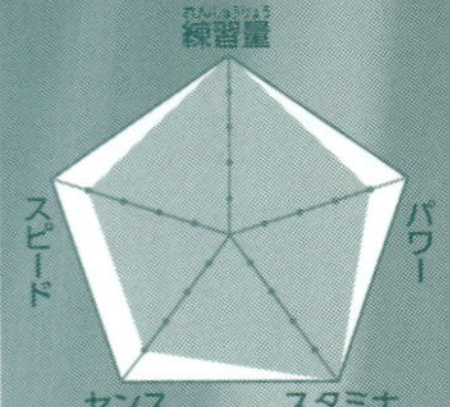

ヒーローの証

- 日本代表でもクラブでも、攻守にわたり右サイドを支配する豊富な運動量と高い守備力
- サッカー最優先の練習と生き方で若手の手本に

主な所属チームと受賞歴
チーム 滝川第二高校→セレッソ大阪→大分トリニータ→ＦＣ東京→ガンバ大阪→チーヴァス・ＵＳＡ（アメリカ）→ファジアーノ岡山　受賞 ベストイレブン（2006年）

攻守の舵とりを支えた圧倒的な練習量

現代サッカーで、もっとも役割が進化した、といわれるのがＳＢだ。守備が仕事のＤＦでありながら、相手のゴールライン近くまでかけあがり、積極的に攻撃参加。その距離約１００メートル。試合中、この往復を何十回とくりかえさなければならず、ＳＢにはスタミナが必要なのだ。そして、代表の体力測定で、いつも一、二を争う記録を出したのが加地亮だった。

そのスタミナは、誰よりも多い練習量で身につけたもの。いつもチーム練習の３時間前から準備を始めている。練習開始が９時なら、毎朝６時にはクラブハウスにきているのだ。それなのに、帰るのも最後ということが多く、練習がない日も自主トレを欠かさない。その圧倒的なスタミナを武器に、長く日本代表の右サイドを支配。攻撃でも守備でも、加地が〝舵〟とり役だった。

伝説リプレイ

誰よりも練習する加地に影響を受ける選手は多い。人は尊敬の意味をこめ、「キング・カジ」とよぶ。

ヒーロー伝説延長戦
子どもが大好きで、サッカー選手になっていなかったら保育士になりたかったと、さまざまなインタビューで語る加地。じつは練習や試合で忙しいいまも、保育士の勉強を続けている。将来は「加地保育園」の園長さん!?

71

内田篤人

かわいすぎる右サイドバック

シャルケ

イケイケGOGO！ イケメンサイドバック

2010 2014

出身地

静岡県田方郡函南町

生年月日

1988年3月27日

身長・体重

176センチ・62キロ

能力パラメータ

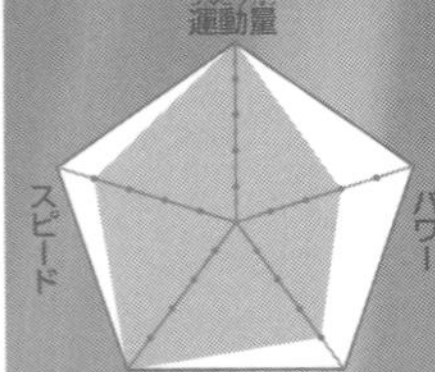

ヒーローの証

- 日本人としてはじめて、世界最高峰・ヨーロッパチャンピオンズリーグの準決勝に出場
- 右サイドを支配する豊富な運動量とスピード

主な所属チームと受賞歴　チーム 清水東高校→鹿島アントラーズ→シャルケ（ドイツ）　受賞 ベストイレブン（2008年、2009年）、ブンデスリーガベストイレブン（2012-2013年、2013-2014年）

被災地にとどけ！愛されキャラの熱い思い

愛くるしい笑顔の弟キャラとして、ついつい応援したくなってしまうのが内田篤人。そんな内田から、逆に日本中がはげまされたできごとがある。

2011年3月11日、東日本大震災が発生。大きな被害を受けた地域はもちろん、日本中が暗い気もちになり、Jリーグも中止になった。サッカーどころではない……そんな状況のなか、震災翌日に試合をすることになったのが、日本から遠くはなれたドイツでプレーしていた内田。試合後、「日本の皆へ。少しでも多くの命が救われますように。『共に生きよう！』」と書かれたシャツを着て、日本にメッセージをおくった。このメッセージは日本だけでなく世界中で注目を集め、内田の所属クラブには募金やチャリティーイベントの問いあわせが殺到。内田の熱い気もちが、被災地支援へとつながったのだ。

伝説リプレイ

内田のメッセージをみんなにアピールしたのが、チームメートの※ノイアー。男の友情も話題になった。

ヒーロー伝説延長戦　日本代表のなかでも女性人気は格別。そのイケメンぶりから、2013年にはテレビドラマにも出演したほど。ただそれも、スピードと高い技術、豊富な運動量をほこる世界的なサイドバック、という実力があればこそだ。

※ノイアー…ドイツ代表正GK。のちにバイエルンに移籍した。

コラム7 女子サッカー奮闘史

スーパーキャプテン澤穂希のもと、世界一になった「なでしこジャパン」。男子に先駆けてつかんだ栄光の陰には、リーグ消滅の危機を乗りこえた苦難の歴史があった。

澤穂希となでしこたち

Jリーグの陰で、消滅の危機に直面した「Lリーグ」

長らく「冬の時代」が続いた、日本サッカー。だが、1993年のJリーグ誕生をきっかけに、一気に人気スポーツとなった。

そのいっぽうで、女子サッカー人気は低いまま。競技者人口も少なく、1989年に始まった女子サッカーリーグのスタンドはいつもガラガラ。Jリーグにあやかろうと、「Lリーグ」と名称を変えたものの、劇的な変化はなかった。それどころか、2000年のシドニーオリンピック出場を逃してしまったことで、女子リーグそのものが消滅の危機を迎えてしまう。選手のほとんどはアルバイトをしながらなんとか競技を続けていた状況で、「サッカーが仕事」といえるのは、ほんのひと握りの選手だけ。だが、そのひと握りの選手たちのがんばりで、女子サッカーの歴史は大きく動きだす。中心にいたのが澤穂希だった。

「世界一」で日本を元気にしたほまれ高き「なでしこ」たち

澤がはじめて日本代表にえらばれたのは1993年、15歳のとき。すぐにW杯やオリンピックにも出場し、代表に欠かせない存在に。1999年には女子サッカー大国アメリカのプロリーグに参戦。2004年に帰国すると、その年から「なでしこジャパン」とよばれるようになった代表チームの中心として、さらなる活躍を見せた。

すると、2008年北京オリンピックで4位に躍進。世界の頂点まであと一歩にせまると、ついに2011年ドイツW杯決勝で最強アメリカをやぶり、世界一になったのだ。澤はこの大会で得点王とMVPにかがやき、チーム全体としても、東日本大震災で暗いムードだった日本に明るい話題をもたらしたと「国民栄誉賞」を受賞。その後も、2012年ロンドンオリンピックで銀メダル。2015年カナダW杯で準優勝と、世界トップレベルを維持しつづけている。

2015年かぎりで澤が現役引退。代表チームは初の女性指揮官・高倉麻子監督のもと、世代交代の真っ最中だ。だが、競技者人口もふえているいま、新たなスター選手も、きっとすぐにあらわれるはずだ。

W杯出場初代キャプテン

井原正巳

アジア最高のミスター壁リベロ!?

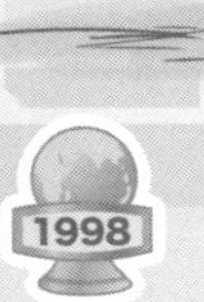

1998

ヒーローの証

- 「アジアの壁」とよばれた守備力で、代表出場試合数歴代2位の122試合。DFでは歴代1位
- 日本初出場のフランスW杯で代表キャプテン

出身地
滋賀県甲賀市

生年月日
1967年9月18日

身長・体重
182センチ・74キロ

能力パラメータ

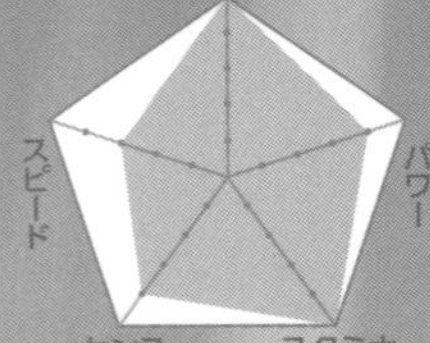

主な所属チームと受賞歴	
チーム	筑波大学→日産ＦＣ／横浜マリノス／横浜Ｆ・マリノス→ジュビロ磐田→浦和レッズ
受賞	ベストイレブン（1993年～1997年）、アジア年間最優秀選手賞（1995年）、Ｊリーグ功労選手賞（2003年）

無数のよび名がしめす最強DFの実力

歴代日本代表最強ＤＦは誰か？　引退して15年以上たついまでも、〝最強候補〟に数えられるのが井原正巳だ。

彼にはそのスゴさをしめすいくつものよび名があった。読みのするどさ、体の強さをいかした鉄壁の守備から「アジアの壁」とよばれ、恐れられた。また、「アジア最高のリベロ」としても評価が高い。「リベロ」とは「自由な人」という意味で攻撃参加が得意なＤＦのこと。井原は高校までＦＷだった経験をいかし、最後方から前線に攻めあがるオーバーラップでチャンスを演出。ミドルシュートも売りだった。

代表出場試合数は史上2位の122試合。ＤＦでは歴代1位だ。日本が初出場した1998年のフランスＷ杯でキャプテンをつとめたリーダーシップも別格。所属クラブでも、その存在感から「ミスターマリノス」とよばれた。

伝説リプレイ

アジア出身選手をたたえる「アジア年間最優秀選手賞」に、日本人ＤＦでえらばれたのは井原だけだ。

ヒーロー伝説延長戦

Ｊリーグ「オウンゴール」第1号。かつて「自殺点」とよばれていたオウンゴールの名称を変更するとき、「もう、イハラゴールでいいじゃない」と冗談をいわれたほど、豪快なオウンゴールを何度も決めたことがある。

※オウンゴール…まちがって、自分のゴールにボールを入れてしまうこと。「オウン」は英語で「自分」という意味。

京都サンガF.C.

ブラジルうまれの侍DF

田中マルクス闘莉王

高い得点力をほこる超攻撃的リベロ

出身地

ブラジル・サンパウロ

生年月日

1981年4月24日

身長・体重

185センチ・85キロ

能力パラメータ

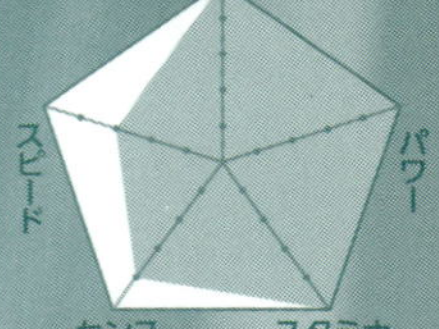

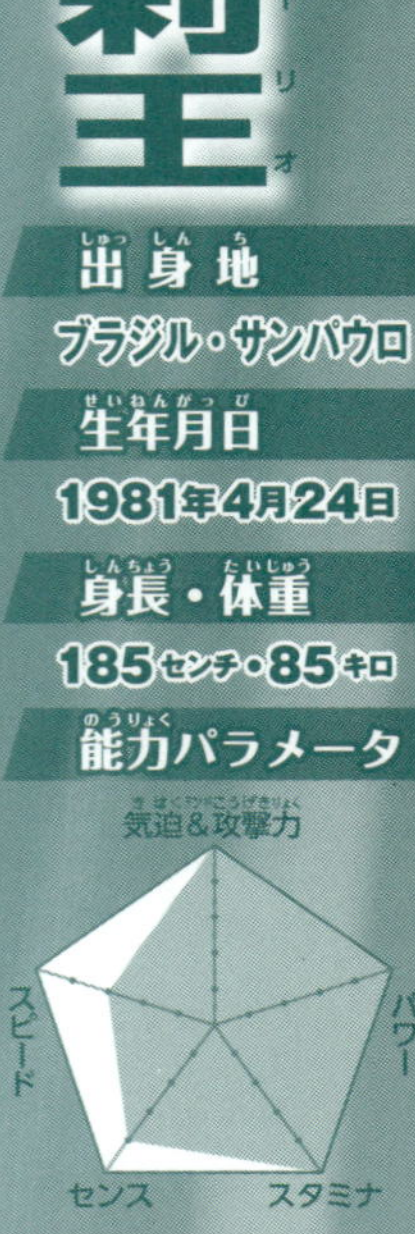

2010

ヒーローの証

- DF史上初のJ1・J2・カップ戦での通算100得点
- チームを鼓舞する気迫あふれるプレー
- DF史上最多ベストイレブンの確かな守備力

主な所属チームと受賞歴	**チーム** 渋谷幕張高校→サンフレッチェ広島→水戸ホーリーホック→浦和レッズ→名古屋グランパス→京都サンガF.C.　**受賞** MVP（2006年）、ベストイレブン（2004年～2012年）

意外な形で身につけた攻守でいきるジャンプ力

空中戦に強く、すすんで相手ゴールを攻める〝超攻撃的リベロ〟の田中マルクス闘莉王。DFなのに年間二桁得点も達成し、J1・J2・カップ戦での合計100得点はDF登録選手では史上初。また、FWのあこがれ「ハットトリック」を何度も記録し、35歳11か月22日でのハットトリックという、J2最年長記録ももっている。

闘莉王の攻撃力の源は、彼の異色の経歴にある。出身地ブラジルは、サッカー以外にも「バレー王国」として有名で、闘莉王も中学まではバレーボールに夢中。そのおかげで、強力なヘディングにいかせるジャンプ力と空中でのバランス感覚を身につけたのだ。これは〝本業〟のDFとして相手FWに対抗するときにも強い武器となっていて、J1ベストイレブン9回受賞は、DFとしては史上最多記録なのだ。

伝説リプレイ

全員あつまれ～

ポツーン

ドドドドドド

リーダーシップと闘争心も魅力のひとつ。闘莉王にひっぱられて、ボールも人も集まっちゃう!?

バレーボール以外にも卓球が得意で、代表での卓球大会では圧倒的な強さ。また、幼少期には乗馬にもはげみ、この経験も空中でのバランス感覚にいかされている。いまでもブラジルに帰ると乗馬トレーニングで体をきたえている。

秋田豊

世界をおさえこむハードマーク

どんな敵が相手でも決してひかずに守りきる！

1998　2002

出身地
愛知県名古屋市

生年月日
1970年8月6日

身長・体重
180センチ・78キロ

能力パラメータ

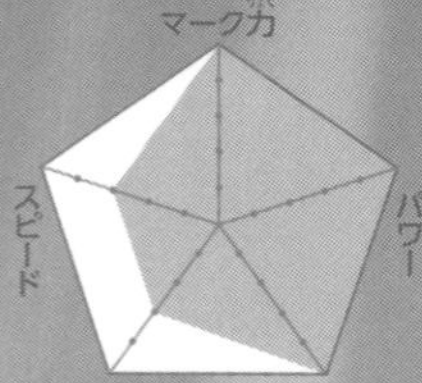

ヒーローの証

- 相手FWの動きを封じこめる密着マーク
- ヘディングが得意で空中戦にも強い
- 迫力のある顔と気合いでもゴールを死守

主な所属チームと受賞歴

チーム 愛知学院大学→鹿島アントラーズ→名古屋グランパス→京都サンガF.C.

受賞 ベストイレブン（1997年、1998年、2000年、2001年）、Jリーグチャンピオンシップ MVP（1998年）、Jリーグ功労選手賞（2008年）

味方になればたのもしい 怖くて強い〝用心棒〟

時代劇などで、やとい主を守るために働く、ちょっと怖い雰囲気の「用心棒」。この言葉がもっともにあうサッカー選手が秋田豊だ。その特徴はハードマークと独特の威圧感。世界最強クラスのFWたちにもおじけづくことなく徹底マークをくりかえし、常勝軍団・鹿島アントラーズや日本代表のゴールを守りつづけた。

１９９８年フランスW杯では、アルゼンチン代表の世界的FW、バティストゥータをはじめ各国のエースストライカーに密着マーク。結果としてすべて1点差で負けてしまったが、むしろこれほどの接戦を演じることができたのは、秋田の存在が大きかった。

２００２年の日韓W杯では、若手中心で構成された代表メンバーを支える用心棒としてサプライズ選出。ベンチから、ベスト16進出をサポートした。

伝説リプレイ

試合が始まると、まずは相手に独特の“あいさつ”をして、なめられないようにしていたとか。

ヒーロー伝説延長戦

秋田の場合、なぜか「頭突き」といいたくなるヘディングも、強力な武器のひとつ。苦しい戦いが続いたフランスW杯アジア最終予選ではヘディングから2得点。日本のゴールを守った“頭”は、相手にとっては恐怖の対象だった。

75

魂のディフェンダー

松田 直樹

出身地
群馬県桐生市

生年月日
1977年3月14日

身長・体重
183センチ・78キロ

能力パラメータ

闘争心
パワー
スタミナ
センス
スピード

ヒーローの証

- 2度のオリンピックで代表DF
- Jリーグ20周年記念「クロニクルベスト11」のDF部門で最多得票

主な所属チームと受賞歴	**チーム** 前橋育英高校→横浜マリノス／横浜Ｆ・マリノス→松本山雅ＦＣ **受賞** ベストイレブン（2000年、2002年）、Ｊリーグ功労選手賞（2011年）

仲間とサポーターの心に残りつづける生きざま

闘争心のかたまりで、審判でも監督でも、文句があると口に出さずにはいられない性格。ときに煙たがられることもあったが、仲間やサポーターからは絶大な人気を集めたのが松田直樹だ。

２００２年の日韓Ｗ杯では不動のレギュラーとして活躍。その後は監督と意見があわず、代表では活躍できなかったが、自分らしさを優先する松田の生き方はファンから支持を集めた。

２０１１年、練習中に突然の心臓発作でたおれ、34歳の若さで帰らぬ人に。当時のＦＩＦＡ会長が「日本代表の伝説的なＤＦである松田直樹選手の悲劇を知り、悲しみに沈んでいる」とコメントを残すほど、世界のサッカー界に衝撃をあたえた。その2年後、Ｊリーグ20周年記念で行われたサポーターが選ぶ歴代ベストイレブンで、ＤＦ部門最多得票数を獲得したのが松田だった。

伝説リプレイ

たおれてから亡くなるまでの３日間、何十人ものＪリーガーが病院にかけつけるほど慕われた存在だった。

ヒーロー伝説延長戦
Ｊリーグ発足後、マリノスが獲得したすべてのタイトルを経験し「新ミスターマリノス」ともよばれた松田。2010年、若返りを理由に解雇されたが、松田の死後、マリノス在籍時の背番号「3」はＪリーグ史上初の永久欠番となった。

SC相模原

76

炎の守護神
川口 能活

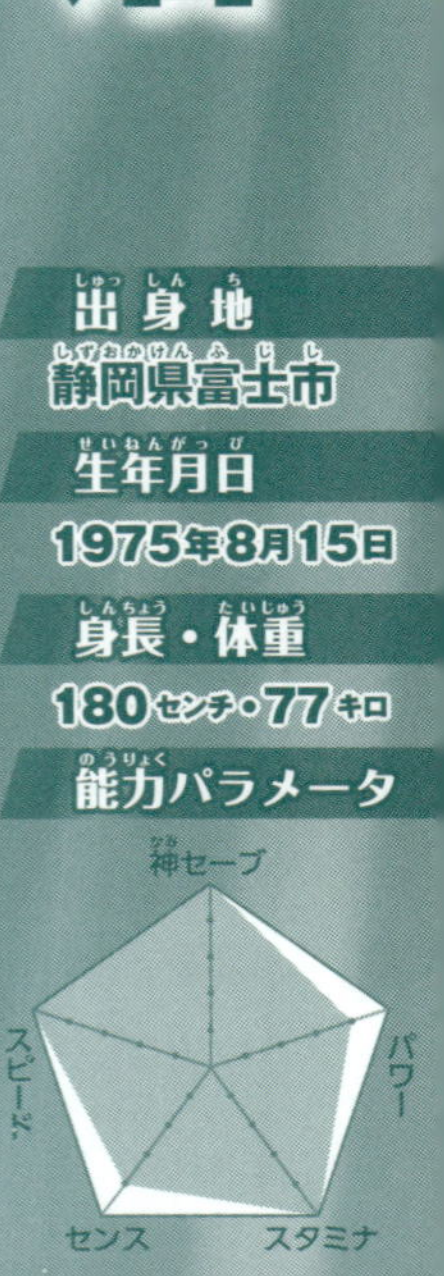

積極的に前に出る
"攻める"GK

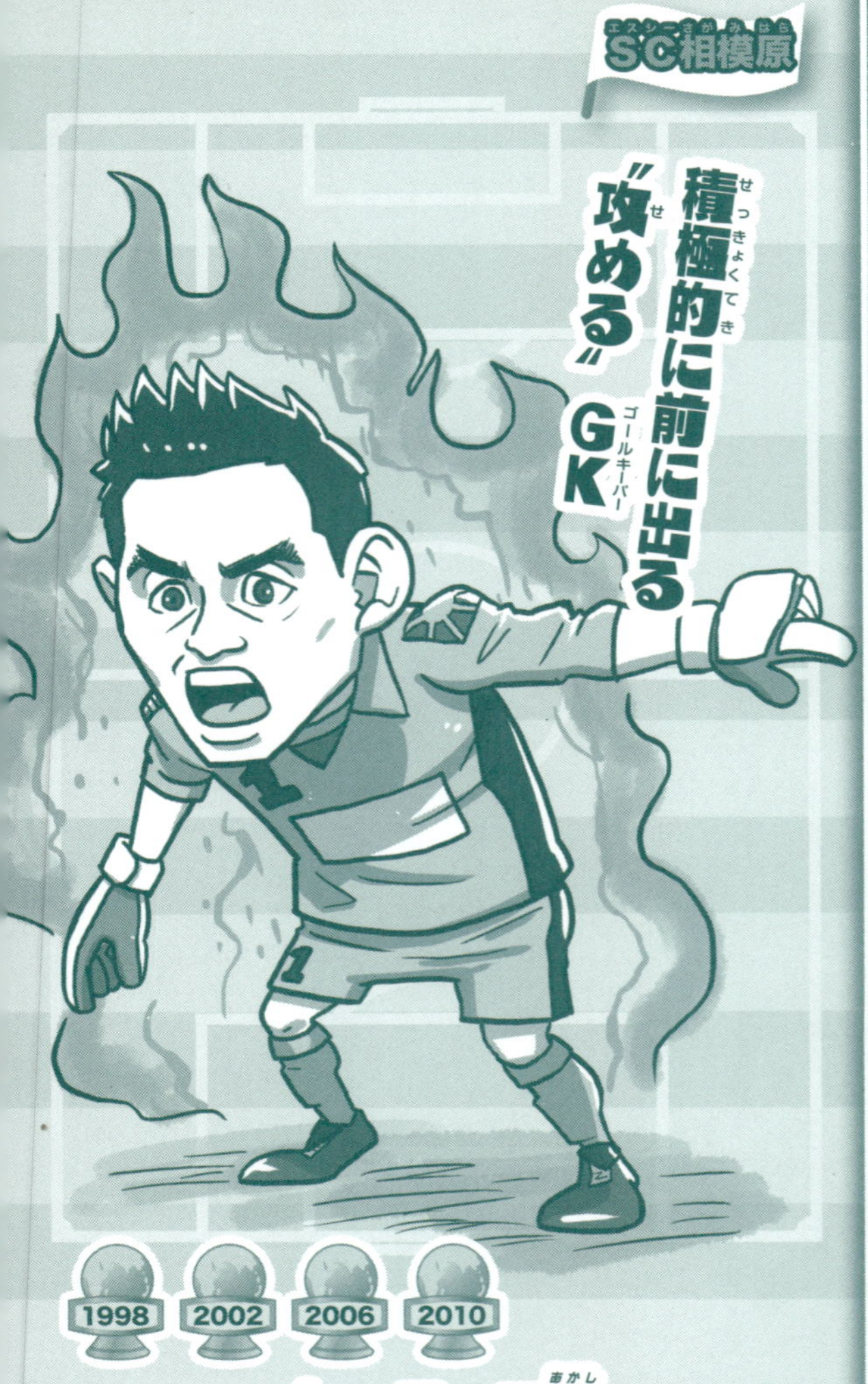

1998　2002　2006　2010

ヒーローの証

- 奇跡的なセーブを連発する集中力
- W杯４大会連続出場
- ＧＫ史上初の日本代表 100 試合出場

出身地
静岡県富士市

生年月日
1975年8月15日

身長・体重
180センチ・77キロ

能力パラメータ

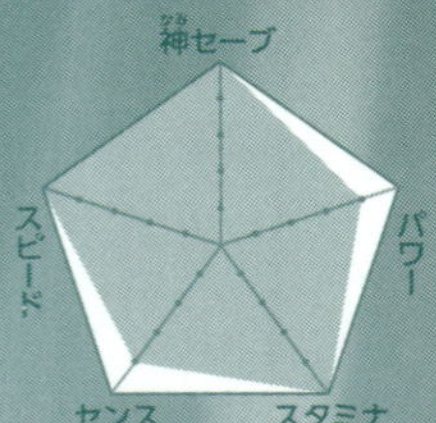

主な所属チームと受賞歴	チーム 清水商業高校→横浜マリノス／横浜F・マリノス→ポーツマス（イングランド）→ノアシェラン（デンマーク）→ジュビロ磐田→ＦＣ岐阜→ＳＣ相模原　受賞 ベストイレブン（2006年）、新人王（1995年）、フェアプレー個人賞（2008年）、アジア杯ベストイレブン（2004年）

大舞台やピンチでこそたよりになる「神セーブ」

ピンチになればなるほど神がかったセーブを連発する男。それが日本代表のゴールを長く守りつづけた川口能活だ。１９９６年のアトランタオリンピック、ブラジル戦では、シュート練習のように一方的に攻められたが、能活が「神セーブ」を連発し、１対０でまさかの勝利。ブラジルは点をとられたことよりも、とれなかったことに驚いた。

２００４年のアジア杯ヨルダン戦では延長でも決着がつかず、ＰＫ戦に。だが、日本はリードを許し、あと一本でも決められたら負け、というきびしい展開。ＰＫ戦はキッカー有利で「決めて当たり前」ともいわれるが、ここから能活が信じられない集中力で４本連続ＰＫストップ。日本に奇跡の逆転勝利をもたらしたのだ。その熱い闘志で相手にプレッシャーをあたえつづけたことから「炎の守護神」とよばれた。

伝説リプレイ

ピンチになるほどすごい力でチームを救う姿から、「ウルトラマンカワグチ」の名でよばれることも。

ヒーロー伝説延長戦
能活の登録身長は180センチ。だが、本当は179センチ。大きいほうが有利なGKでは圧倒的に小さいが、積極的な飛びだしと反応速度でカバー。日本人GKではじめてヨーロッパでもプレーし、大男たちと勝負した。

名古屋グランパス

77

楢崎 正剛

安定感ナンバー1ゴールキーパー

セイゴーこそが日本の正ゴールキーパー

出身地
奈良県香芝市

生年月日
1976年4月15日

身長・体重
187センチ・80キロ

能力パラメータ

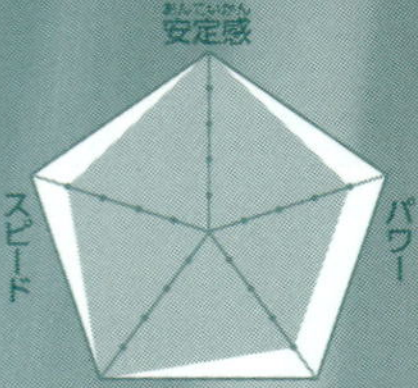

ヒーローの証

- 史上初のJ1・600試合出場の安定感
- W杯4大会連続出場
- GK史上初のJリーグMVP

主な所属チームと受賞歴　チーム　奈良育英高校→横浜フリューゲルス→名古屋グランパス　受賞　MVP（2010年）、ベストイレブン（1996年、1998年、2003年、2008年、2010年、2011年）

冷静さと熱さで手にしたGK史上初の栄冠

GKに必要なもの。それはチームを一番うしろから支えるための安定感と冷静な判断力。その両面においてすぐれているのが楢崎正剛だ。日本代表では7試合連続無失点。クラブでは史上初の「Jリーグ公式戦100完封」を達成。さらに、史上初の「J1通算600試合出場」達成がその証だ。

だが、冷静なだけでもGKはつとまらない。チームをもりたてる〝熱さ〟もときには必要だ。楢崎はその点でも超一流。2000年シドニーオリンピックでは、味方とぶつかって大流血。試合後に骨折していたことがわかるほどの大ケガにもかかわらず、ゴール前に立ちつづけ、チームを奮いたたせたのだ。

2010年にはキャプテンとして名古屋グランパスを優勝にみちびき、MVPも受賞。GKでMVPになったのは、あとにも先にも楢崎だけの快挙だ。

伝説リプレイ

さまざまな「史上初」の偉業にくわえ、Jリーグベストイレブン6回という、GKで歴代1位の記録ももつ。

ヒーロー伝説延長戦

川口能活と楢崎は1998年から2010年まで、ずっと代表GKの座を争ったライバル関係。代表の通算出場試合数では能活のほうが多いが、W杯での勝利数、そしてJリーグ個人タイトルの数では楢崎のほうが多い。

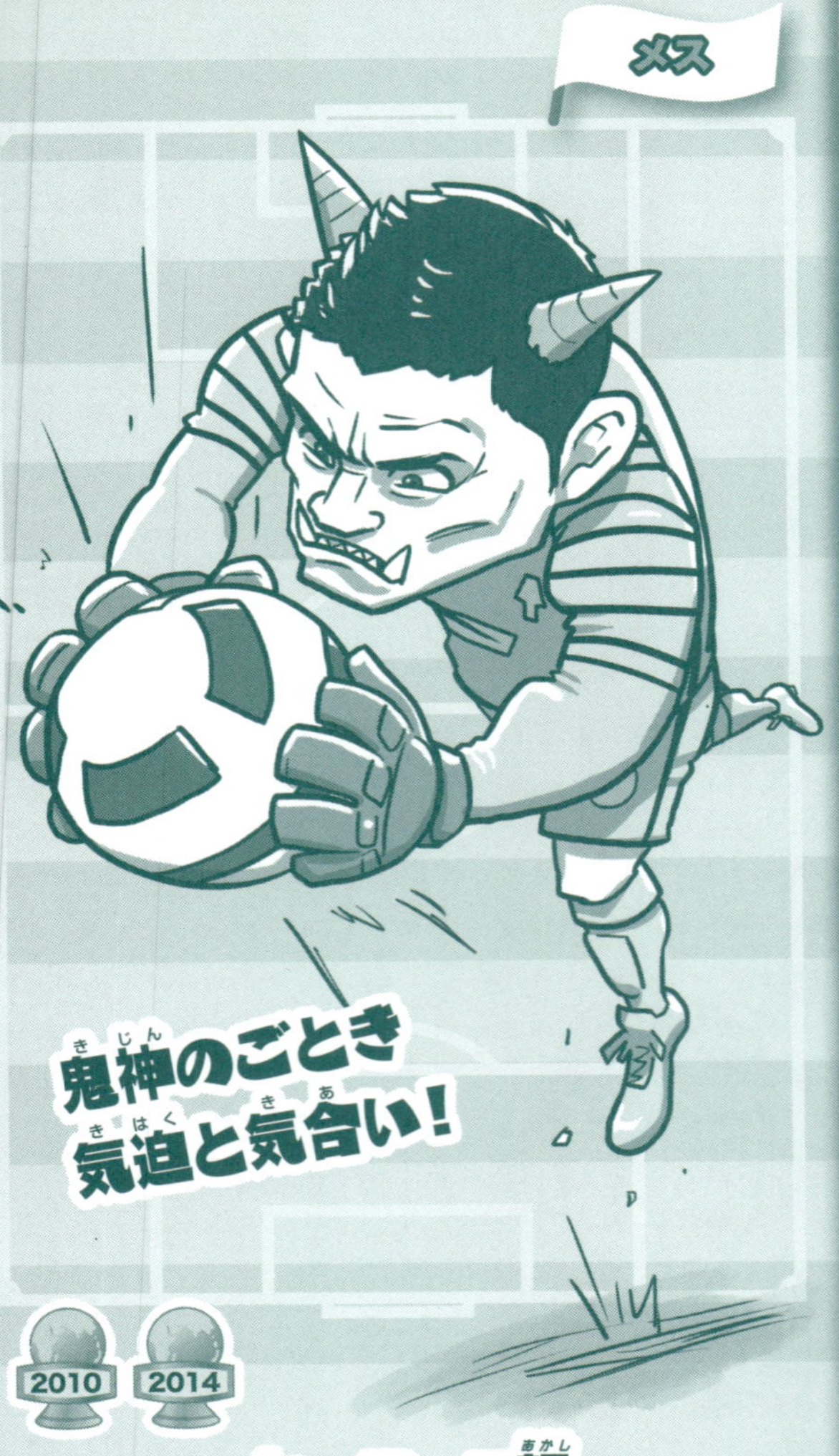
メス
鬼神のごとき
気迫と気合い！
2010
2014

78

川島 永嗣

武器は豊富な経験と語学力

出身地

埼玉県さいたま市（旧・与野市）

生年月日

1983年3月20日

身長・体重

185センチ・82キロ

能力パラメータ

コーチング力
パワー
スタミナ
センス
スピード

ヒーローの証

- 日本代表ではじめて、W杯２大会連続正ＧＫ
- ベルギー、スコットランド、フランスでプレー
- 日本人初のヨーロッパ一部リーグでの正ＧＫ

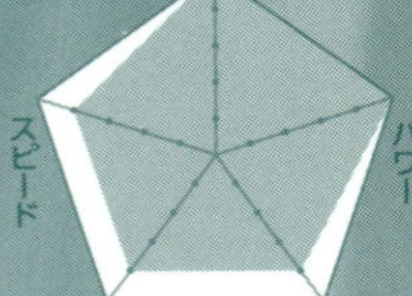

主な所属チームと受賞歴

チーム 浦和東高校→大宮アルディージャ→名古屋グランパス→川崎フロンターレ→リールセ（ベルギー）→リエージュ（ベルギー）→ダンディー・ユナイテッド（スコットランド）→メス（フランス） **受賞** ベストイレブン（2009年）、フェアプレー個人賞（2009年）

努力をつみかさね逆境を乗りこえた苦労人

苦しい立場でも努力を続ければ、いつか結果になってあらわれる。それを教えてくれるのが、鬼のような形相でゴールを守る川島永嗣だ。名古屋グランパス時代は、代表GK楢崎正剛がいたため正GKにはなれなかった。だが、高いレベルで競いあったからこそ、川崎フロンターレに移籍すると日本代表となり、ベストイレブンも受賞した。

代表では楢崎正剛、そして川口能活の二大GKの控えが長く続いた川島。だが、2010年の南アフリカW杯直前に正GKの座を勝ちとり、以降、ずっと代表ゴールを守りつづけている。

そしていま、「日本のGKとしてヨーロッパ5大リーグ※でがんばりたい」と、フランス一部リーグに所属。ここでもはじめは「第3GK」だったが、練習での姿が認められて正GKに。鬼の顔の裏には、表に見せない苦労があるのだ。

伝説リプレイ

雑誌の表紙を裸でかざったこともあるほどの「肉体美」も、川島の魅力であり、武器のひとつだ。

ヒーロー伝説延長戦

GKに欠かせないのが味方守備陣に指示を出すコーチング。海外でも活躍する川島は、日本語以外に英語・イタリア語・スペイン語・オランダ語・フランス語・ポルトガル語の6か国語をあやつり、的確なコーチングができる。

※ヨーロッパ5大リーグ…スペイン、イングランド、ドイツ、イタリア、フランスの1部リーグ。どのリーグもとてもレベルが高いことで有名。

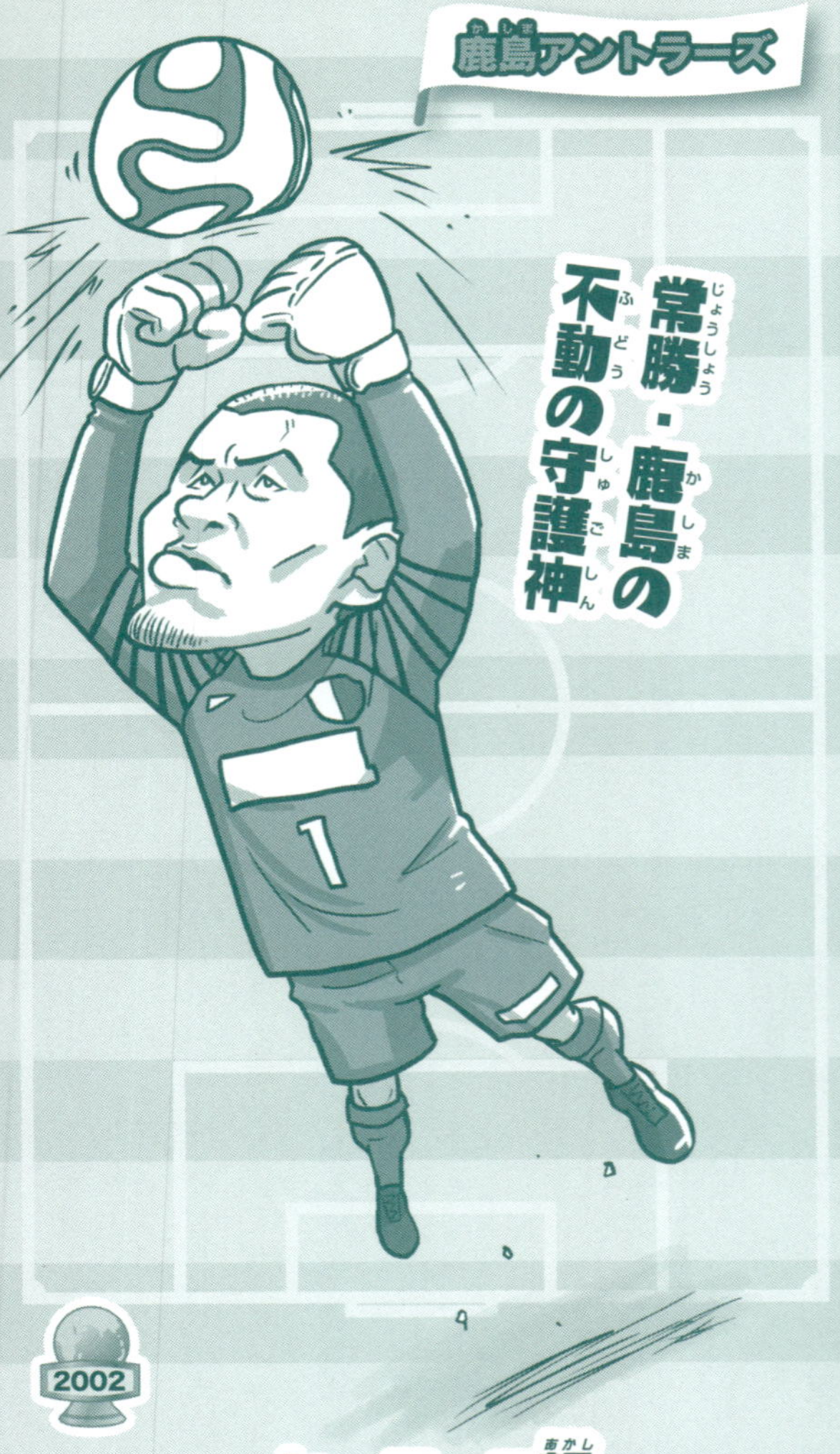

鹿島アントラーズ
常勝・鹿島の
不動の守護神
2002

79

ザ・鉄人GK

曽ケ端 準

出身地
茨城県鹿嶋市

生年月日
1979年8月2日

身長・体重
187センチ・80キロ

能力パラメータ

鉄人力
パワー
スタミナ
センス
スピード

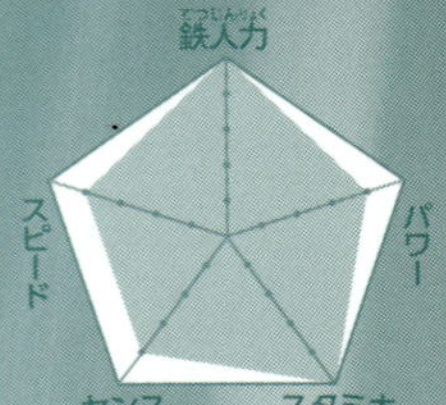

ヒーローの証

- 鹿島に何度もタイトルをもたらした正GK
- 広い守備範囲&確かなコーチング
- J1・500試合、連続フルタイム244試合出場

主な所属チームと受賞歴

チーム 鹿島アントラーズユース→鹿島アントラーズ 受賞 ベストイレブン（2002年）、フェアプレー個人賞（2003年）、Jリーグカップ ニューヒーロー賞（2001年）

チームのため地元のため試合に出つづける鉄の男

「不動の守護神」。この言葉が一番にあう選手が、鹿島アントラーズひとすじのGK、曽ケ端準だ。じつはうまれもそだちもアントラーズのホームタウンである茨城県鹿嶋市。ユースチームから昇格した1998年以降、20年近くアントラーズのゴールを守りつづけてきた〝鉄人〟だ。2017年にはJ1通算500試合出場を達成。途中交代もしない「連続フルタイム出場試合数244」はJリーグ記録だ。

肉体で勝負するプロスポーツ選手がずっと試合に出つづけるのは、それだけで大変なこと。とくにGKは接触プレーが多いうえ、試合にはたったひとりしか出られず競争もはげしい。そんな状況でも、「チームのため、地元のため」という気もちが誰よりも強いからこそ、毎日のきびしい練習にもたえ、サッカー優先の生活を続けられるのだ。

伝説リプレイ

アントラーズが獲得した通算19のタイトルのうち、16個は守護神、曽ケ端の“手”でつかんだものなのだ。

ヒーロー伝説延長戦

2016年に出場したクラブW杯では好セーブを連発。準決勝では、その試合でもっともすぐれた選手を意味する「プレーヤー・オブ・ザ・マッチ」にえらばれる活躍で、アントラーズの決勝進出に大きく貢献した。

足技ナンバー1GK

西川 周作

浦和レッズ

失点を防ぐ最後の砦
得点を狙う最初のひと蹴り

2014

出身地
大分県宇佐市

生年月日
1986年6月18日

身長・体重
183センチ・81キロ

能力パラメータ

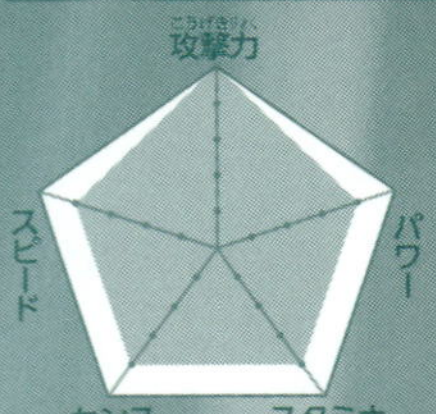

ヒーローの証

- 歴代1位のシーズン16完封（2014年）
- 史上初の「GKによる2試合連続アシスト」を記録したキックの精度

主な所属チームと受賞歴　**チーム** 大分トリニータユース→大分トリニータ→サンフレッチェ広島→浦和レッズ　**受賞** ベストイレブン（2012年～2016年）、フェアプレー個人賞（2014年）

攻撃のリズムをつくる「ゲームメーカー」GK

GKはただ守るだけが仕事ではない。11人目の選手として、前線にパスをおくる攻撃参加も大事な仕事だ。とくに守備から一気に相手ゴールを狙うカウンターでは、GKの精度の高いキックが重要になってくる。その足もとの技術がもっともすぐれたGK、といわれるのが浦和レッズの守護神・西川周作だ。

西川のキックのすごさをしめす話がある。少年時代、点を決められて試合を再開するとき、西川がセンターサークルまであがり、キックオフのボールを蹴ることがあった。直接ゴールを狙うためだ。そして西川は、漫画のようなこの「キックオフ・ゴール」を、実際に試合で、何度か決めていたという。

「GKは最後方のゲームメーカー」と語る西川。Jリーグ初の「GKによる2試合連続アシスト」を記録するなど、攻守両面で流れを変えられる存在だ。

伝説リプレイ

キーパー西川のシュート！

GKが1試合に走る距離は平均3～4キロだが、西川は平均約5キロ。みずから動いてリズムをつくる。

ヒーロー伝説延長戦

キックの精度がすごいだけでは、もちろん日本代表にはなれない。2014年には歴代1位のシーズン16完封と、日本人歴代最長の7試合連続無失点記録を達成。ベストイレブンに5年連続でえらばれる安定感も西川の魅力だ。

不屈のGK 権田修一

サガン鳥栖

何度でもよみがえる
あきらめの悪い男

2014

出身地
東京都世田谷区

生年月日
1989年3月3日

身長・体重
187センチ・83キロ

能力パラメータ

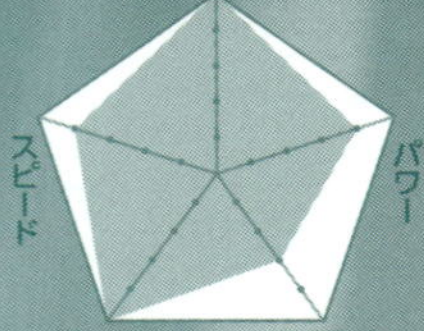

- ロンドンオリンピックでは正GKとして4試合連続完封を果たし、日本のベスト4進出に貢献
- 闘争心と冷静な判断力をあわせもつ男

主な所属チームと受賞歴	チーム　ＦＣ東京ユース→ＦＣ東京→ホルン（オーストリア）→サガン鳥栖

病気が教えてくれた「サッカーができる喜び」

何度も原因不明の病気や症状にたおれながら、そのたびに復活をはたしてきた男、それが権田修一だ。

中学2年のとき、中国での国際大会中に体調不良におそわれた権田。帰国してすぐに意識不明の重体になり、2日間、生死の境をさまよった。17歳のときには手と首をなぞの痛みとしびれにおそわれ、一年間プレーができなかった。「サッカーができなくなるかもしれない」……そんな不安に苦しみながらも、体調不良を克服し、権田はピッチに帰ってきた。そして、2009年、20歳でＦＣ東京の正ＧＫになると、当時のＪ１記録となるリーグ戦15完封を達成。日本代表にも初選出されたのだ。

サッカーができなかった時期があるからこそ、プレーできる喜びと、自分を支えてくれる人の大切さを知った権田。だからこそ、彼はがんばれるのだ。

伝説リプレイ

ＧＫの魅力を「人を大人にするポジション」と語る権田。苦労したぶん、成長した姿を見せてくれ！

ヒーロー伝説延長戦

2015年には「オーバートレーニング症候群※」になり、またしてもプレーができなくなった権田。このときは、海外移籍をきっかけに、ふたたびピッチに帰ってきた。権田は何度でもよみがえるのだ。

※オーバートレーニング症候群…トレーニングでたまった心と体の疲れがぬけなくなってしまうこと。ひどい場合、食事や睡眠も満足にとれなくなってしまう。一流選手でもかかることはめずらしくない。

コラム8 ネクストブレイク選手

10歳でスペインの名門、バルセロナにスカウトされた久保建英をはじめ、「期待の星」が次つぎ登場！　彼らが中心メンバーにとなるとき、W杯優勝も夢じゃない！？

新たな点とり屋は誰だ!? 〜FW部門〜

代表経験もある期待の若手FW、といえば1995年うまれの南野拓実。2011年の17歳以下W杯では、FIFA公式サイトで「日本の最終兵器」と紹介された才能のもち主だ。セレッソ大阪時代の2013年にベストヤングプレーヤー賞にかがやくと、オーストリアの強豪・ザルツブルクに移籍。チームの主力として優勝に貢献している。

また、1996年うまれで、クラブW杯でも得点を決めた鈴木優磨（鹿島アントラーズ）、2020年東京オリンピック世代のエースストライカー、1997年うまれの小川航基（ジュビロ磐田）も期待の星だ。

彼らに続くのが、2001年うまれの久保建英（FC東京）。10歳にして世界的な名門クラブ・バルセロナからスカウトされ、スペイン留学。「日本のメッシ」としてスペイン国内でも注目を集めた。日本に帰国すると、15歳にしてJリーグ最年少得点記録をぬりかえ、20歳以下の代表チームにも飛び級でえらばれている。

チームをあやつる男たち ～MF部門～

日本サッカーにおける人材の宝庫・MF。そのなかで、海外メディアから「1996年うまれの宝石」「天才パサー」とよばれているのが鎌田大地（サガン鳥栖）。ほかに、堂安律（ガンバ大阪）が注目株だ。海外メディアによる「1998年うまれの将来有望な選手50名」に日本人で唯一えらばれた堂安。サッカー界のスーパーレジェンド「マラドーナ」をもじって「マラドーアン」とよばれ、2017年に開催された20歳以下のW杯でも2得点と結果を出した。

守備的MFの期待の星は、2016年のベストヤングプレーヤー賞を受賞した井手口陽介（ガンバ大阪）。1996年うまれの若きボランチは「怪物」とよばれ、早くも日本代表の常連になりつつある。

ゴールに鍵をかけろ！ ～DF&GK部門～

経験が求められる守備的なポジションだからこそ、若くしてクラブでレギュラーを

つとめていることが必要だ。リオオリンピックでもレギュラーだったのが1994年うまれの植田直通（鹿島アントラーズ）。日本代表にもえらばれている。植田と同じく1994年うまれの岩波拓也（ヴィッセル神戸）もリオ代表で、日本代表合宿にも参加。このふたりは、将来の「代表センターバックコンビ」として期待されている。

ＧＫの若手注目株は、22歳で日本代表にもえらばれた1995年うまれの中村航輔（柏レイソル）だ。抜群の飛びだしでスーパーセーブを連発する姿は、「神セーブ」や「鬼セーブ」とよばれている。

もちろん、ここであげた「期待の星」はほんの一例。Jリーグをチェックして、将来のスター候補を見つけてみよう！

おわりに

サッカーヒーローが歩んできた感動と驚きの物語を楽しんでもらえたかな。ヒーローの数だけ伝説があり、栄光があることが、よくわかっただろう。彼らの姿は、くるしいときでも夢をあきらめずに努力をすることや、自分の力と仲間を信じて戦う勇気の大切さを教えてくれる。キミの毎日にもきっと力をあたえてくれるはずだ。さあ、彼らの活躍を応援しながら、これからもうまれつづける伝説をおいかけていこう。そして、サッカー選手をめざすキミはさっそく練習開始だ。明日のサッカーヒーローはキミかもしれないぞ。

主な参考文献

書籍

『僕らがサッカーボーイズだった頃1・2・3』元川悦子／カンゼン、『日本代表 23人の少年時代』日本スポーツ企画出版社、『サッカーのスゴイ話』本多辰成著・新井優佑編／ポプラ社、『サッカースターの少年時代』Gakken、『突破論。』中村俊輔ほか／ベストセラーズ、『海を渡ったヒーローたち』本郷陽二／汐文社、『エースの JO』城彰二／リヨン社、『中澤佑二 不屈』佐藤岳／文藝春秋

雑誌

『Sports Graphic Number』文藝春秋、『週刊サッカーダイジェスト』日本スポーツ企画出版社、『フットボールサミット』カンゼン、『サッカーマガジン ZONE』ベースボール・マガジン社、『スポーツ男子。』ぴあ

WEB サイト

JFA 日本サッカー協会 公式サイト、Jリーグ公式サイト、Jリーグ各クラブ公式サイト、Football LAB、サッカーダイジェスト WEB、サッカーキング、フットボールチャンネル、Goal.com、Number Web、Web Sportiva、サカイク、朝日新聞デジタル、日経電子版、ニッカンスポーツ、Sponichi Annex、SANSPO.COM、スポーツ報知

た 行

な 行

は 行

ま 行

や 行

ら 行

人名さくいん

この本に出てくる選手や元選手たちの名前を、五十音順にならべています。細字は、コラムやほかの選手の記事のなかで紹介している人物です。

あ行

か行

さ行

編者　オグマナオト

ライター・構成作家。スポーツにまつわる雑学や伝説を採集し、コラムや書籍として執筆。ラジオやテレビのスポーツ番組にも構成作家として参加している。主な著書に、『爆笑！感動！スポーツ伝説超百科』（ポプラ社）、『甲子園スーパースター列伝』（集英社みらい文庫）など。
Twitter：@oguman1977

編集／執筆協力　山本貴政（ヤマモトカウンシル）
表紙・本文イラスト　アカハナドラゴン
写真　アマナイメージズ
デザイン　岩田里香

これマジ？　ひみつの超百科⑪

仰天！感動！ サッカーヒーロー超百科 日本編

発　行　2017年7月　第1刷

編　者　オグマナオト&サッカーヒーロー研究会
発行者　長谷川 均
編　集　勝屋 圭
発行所　株式会社ポプラ社
〒160-8565　東京都新宿区大京町 22-1
電話 03-3357-2216（編集）03-3357-2212（営業）
振替 00140-3-149271
インターネットホームページ www.poplar.co.jp

印刷・製本　中央精版印刷株式会社

ISBN978-4-591-15494-6　N.D.C.780　191P　18cm
